Contents

Let's enjoy Hawaii!

- 本書の使い方 ………………… 4
- ハワイってこんなとこ ……… 6
- ハワイの旅、どんなことする？ … 8
- 必勝フレーズひっさげて
  ハワイ3泊5日モデルコース … 10
- 基本フレーズ ………………… 14
- 愛されフレーズ ……………… 18
- 英語だけじゃない！
  ハワイ語も覚えておこう！ … 20

♪ PLAY

- PLAY基本フレーズ …………… 24
- ビーチアクティビティ
  完全シミュレーション ……… 26
  - マリンアクティビティカタログ … 30
- オプショナルツアー
  完全シミュレーション ……… 32
  - 現地ツアーに参加しよう！ … 34
- カルチャーレッスン
  完全シミュレーション ……… 36
- ゴルフ完全シミュレーション … 40
  - ハワイの人気ゴルフコース
    カタログ ……………………… 43
- テーマパーク
  完全シミュレーション ……… 44
- 博物館＆美術館
  完全シミュレーション ……… 46
- 夜のイベント
  完全シミュレーション ……… 50
  - 夜のイベント・ナイトスポット
    カタログ ……………………… 52

🛒 SHOPPING

- SHOPPING基本フレーズ ……… 56
- ショッピングセンター
  完全シミュレーション ……… 58
  - ショッピングセンターカタログ … 60
- ファッションブティック
  完全シミュレーション ……… 62
  - ファッションアイテムカタログ … 64
- ブランドショップ
  完全シミュレーション ……… 66
- 免税店完全シミュレーション … 68
- ハワイアンジュエリー
  完全シミュレーション ……… 72
  - ハワイアンジュエリーカタログ … 74
- ハワイアンアイテム
  完全シミュレーション ……… 76
- 水着＆ビーチ小物
  完全シミュレーション ……… 80
  - かわいいビーチ小物カタログ … 82
- スーパーマーケット
  完全シミュレーション ……… 84
  - スーパーマーケットコーナー
    カタログ ……………………… 86
- ファーマーズマーケット
  完全シミュレーション ……… 88
  - ファーマーズマーケットカタログ … 90

🍴 EAT

- EAT基本フレーズ ……………… 94
- レストラン予約
  完全シミュレーション ……… 96

ファインダイニング
完全シミュレーション ……… 98
ハワイでカクテルカタログ …100

朝食ブッフェ
完全シミュレーション ……… 102
朝食完全シミュレーション ……104

パンケーキ
完全シミュレーション ……… 108
パンケーキカタログ ……… 110

プレートランチ
完全シミュレーション ……… 112
プレートランチカタログ ……… 115

ハンバーガー
完全シミュレーション ……… 116
ハンバーガーカタログ ……… 119

エスニック
完全シミュレーション ……… 120
スマートなチップの渡し方 …122

ハワイアンフード
完全シミュレーション ……… 124
料理にまつわるハワイ語辞典 …126

コンドミニアム
完全シミュレーション ……… 152
コンドミニアム必勝フレーズ …156

ホテルトラブル
完全シミュレーション ……… 158

✈ TRAVEL

機内完全シミュレーション ……… 162
空港(入国)完全シミュレーション ……164
空港(出港)完全シミュレーション ……166
空港から市内へ完全シミュレーション …168
ザ・バス完全シミュレーション …… 170
ワイキキトロリー
完全シミュレーション ……… 172
レンタカー完全シミュレーション …174
レンタカーの保険カタログ ……… 177
タクシー完全シミュレーション …… 180
郵便局完全シミュレーション …… 182
Wi-Fiレンタル完全シミュレーション …184
両替完全シミュレーション …… 186
緊急フレーズ ……… 188

✨ BEAUTY

BEAUTY基本フレーズ ……… 130
ホテルスパ
完全シミュレーション ……… 132
ハワイで受けられる
スパメニューカタログ ……… 135
ロミロミ完全シミュレーション …136
エステで使われる植物成分カタログ …138

🏨 STAY

STAY基本フレーズ ……… 142
ホテル完全シミュレーション ……144
ホテル利用必勝フレーズ ……… 148
ホテル滞在必勝フレーズ ……… 150

English Lesson
数字・曜日 ……… 192
季節・月・時期・時間 ……… 194
日→英 単語帳 ……… 196

読めば快晴 ハレ旅STUDY
ハワイの音楽・楽器 ……… 38
カメハメハ王大解剖 ……… 48
ハワイのルール ……… 70
ハワイの伝説 ……… 78
ハワイのコーヒー ……… 106

ハレときどきタビ
これって英語なの？ ……… 22
アルファベットは12文字!? ……… 54
ケイキはスイーツじゃなかった …92
ハワイ語になった日本語のおはなし …128
日本と違うルールもあるのだ …140
その英語、ちょっとおかしいぞ！…160

本書の使い方

Point!
シチュエーションごとに完全シミュレーション!

「マリンアクティビティ」「ショッピング」「スパ」など、ハワイ旅行中に遭遇するさまざまなシチュエーションごとに、会話を徹底シミュレーションしています。

Point!
予備知識もバッチリ

各テーマの予備知識をしっかり解説。あらかじめ知識を持っておけば会話もスムーズになるはず。

Point!
自分の意思が伝わる

左側は自分が発するセリフになっています。カタカナの読みを発音してもよし、指さしでお店の人に見せることもできます。

Point!
相手の言葉もわかる

何を聞いても、相手の返答がわからない…。そんなことがないように、店側のセリフも掲載。相手が何を言いたいかがわかるから安心です。

Fine Dining Simulation
ファインダイニング
完全シミュレーション

What's? 『ファインダイニング』

究極のレストランのこと。高級ホテルのメインダイニングのようにインテリア、サービス、食材、味、全てにおいて一流のレストランを指す、とはいえ緊張はせず、料理などについてわからないことがあれば素直に聞いたほうがいい。よいスタッフならば丁寧に答えてくれる。

入店

こんにちは！いらっしゃいませ。
Hello! Welcome to ○○.

こんにちは！予約した佐藤です。
ハイ アイ ハヴ ア リザヴェイション マイ ネイム イズ サトウ
Hi! I have a reservation. My name is Sato.

佐藤様ですね。お待ちしておりました。こちらへどうぞ。
サンキュー フォー カミン ミズ サトウ プリーズ フォロウ ミー
Thank you for coming, Ms. Sato. Please follow me.

注文

ご注文は決まりましたか？
アー ユー レディ トゥ オーダー
Are you ready to order?

はい、決まりました。
イエス ウィアー レディ
Yes, we're ready.

もう少し時間が必要です。あとで戻ってきてくれますか？
ノー ウィ ニード アナザー ミニット トゥ ディサイド クッジュー カム バック
No, we need another minute to decide. Could you come back?

飲み物はいかがですか？
ウッジュー ライク サムシン トゥ ドリンク
Would you like something to drink?

英訳、カタカナルビについて

・ハワイで使われているフォーマルすぎず、カジュアルすぎない英語に訳しています。
・基本的に単語ごとにカタカナルビをつけていますが、つなげた方が実際の発音に近いものはつなげて表記しています。
・日本語で浸透している音引きの方がなじみのある単語は音引きを用いています。
・音がはっきりと聞こえないところは、ルビをつけていません。

Point!
入れ替えラクラク

入れ替え可能な単語を掲載。これで会話の幅が広がります。

本文中の英語、ヨミ、日本語訳はECCが監修しております。

Point!

メニューやアイテムの カタログ情報もあり！

単語の入れ替えや、指さしオーダーにぴったりの便利なカタログつき。リンクですぐにページを開けて安心。

Point!

インデックスで 一発検索

アクティビティごとにインデックスが設けられているので「したいこと」からページを開けます。

¶¶ EAT

主文
アルコールの入っていないカクテルをお願いします。 メニュー P.100 アイドライクトゥ ハヴァ ヴァージン カクテル I'd like to have a virgin cocktail.
おすすめは何ですか？ ワッ ドゥ ユー リコメンド What do you recommend?
今日のおすすめ料理は何ですか？ ワッ イズ トゥデイズ スペシャル What is today's special?
前菜はハウスサラダにします。 アイル ハヴ ザ ハウス サラダ フォア スターター I'll have the house salad for a starter.
かしこまりました。メインはどうされますか？ オーケイ アンド フォー ザ メイン コース Okay, and for the main course?
ニューヨークステーキにします。 アイル ハヴ ザ ニュー ヨーク ステイク プリーズ I'll have the New York steak, please.
ステーキの焼き加減はどうされますか？ ハウ ウッジュー ライク ユア ステイク How would you like your steak?
よく焼いてください。 ウェル ダン プリーズ Well done, please.
Medium ミディアムにして / Rare レアにして

食事中

食事はすみましたか？
アー ユー フィニッシュト ウィズ ユア プレイト
Are you finished with your plate?

いいえ、まだ食べます。／はい、おわりました。
ノー ノット イェット ／ イエス アイム ダン
No, not yet. ／ Yes, I'm done.

基本／予約／ファインダイニング／朝食ビュッフェ／朝食／パンケーキ／プレートランチ／ハンバーガー／エスニック／ハワイアンフード

誕生日にサービスをしてくれる店も。予約時に「The day is my birthday.」と伝えておこう。

Point!

ハレ旅の1行ネタ

英語やハワイ語の豆知識や、旅行中に使えるお得情報を掲載。旅がさらに楽しくなるはず！

その他のコンテンツ

読めば快晴 ハレ旅STUDY

ハワイの文化や習慣、伝説などを楽しく学べるコラム。旅行前に確認しておこう。

ハレ旅シリーズ共通！ ハレときどきタビ

ハレくんとタビくんが英語にチャレンジ！ やりがちな失敗、びっくりポイントをタビくんと学ぼう。

タビくん　ハレくん

日→英単語帳

知りたい単語を日本語から引ける便利な単語帳です。入れ替えや指さしで使えます。

ハレ旅 ハワイ
1,200円（税別）
一緒に使えば旅がもっと快晴に！

エリアを知って攻略せよ！
ハワイってこんなとこ

個性的なタウンがいっぱい。ワイキキから離れるほど英語が重要に！

歴史ある街から新しい文化も誕生

アジアンな雰囲気あふれる街並み。ギャラリーなども多い。東側はオフィス街、ダウンタウン。日本語は通じにくい。

チャイナタウン
チャイナタウン
Chinatown

緑があふれるホノルルのベッドタウン

コオラウ山脈の南東部にあり、比較的降水量も多いことから虹がよく出る。地元に密着していてほとんど英語のみ。

マノア
マノア
Manoa

ワード&カカアコ
ワード　カカアコ
Ward & Kakaako

カイムキ
カイムキ
Kaimuki

ニューカルチャーが生まれる街

4つの施設のワードビレッジのある「ワード」と、壁面アートで有名な倉庫街「カカアコ」がこのエリアの2大スポット。ここに住む日本人も増えている。

食通が通うホノルルのグルメタウン

ワイアラエ通りとカパフル通りには、有名レストランからB級グルメの名店まで、レストランが並ぶ。ローカル色が強く、日本語は通じにくい。

アラモアナ
アラ モアナ
Ala Moana

進化し続ける一大ショッピングエリア

300以上の店が集結したアラモアナセンターがこの地域の目玉。周辺にはブティックや話題のグルメ店も多い。日本語OKの店も少なくない。

ワイキキ
ワイキキ
Waikiki

ハワイ滞在の拠点となる観光スポット

ハワイで最もにぎわっているリゾートタウン。ホテルや買い物施設、レストランが軒を連ねる。日本語が通じる店が多い。

古きハワイの面影を残すサーフタウン

サーフィンのメッカ、ノース・ショアの中心地。ノスタルジックな街並みでグルメ店も充実。一部日本語OKの店も。

ハレイワ / ハレイワ / Haleiwa

全米一のビーチが広がる住宅地

オアフ島屈指の美しさを誇るラニカイ・ビーチやカイルア・ビーチがある住宅地。有名レストランには日本語メニューあり。

カイルア / カイルア / Kailua

コオリナ / コ オ リ ナ / Ko Olina

オアフ島西部の一大リゾートエリア。ゴルフ場や大型リゾートホテルがある。リゾート内は日本語OK。

パールハーバー / パール ハーバー / Pearl Harbor

アメリカ軍の重要拠点。艦船や記念館など、第二次世界大戦を学ぶ施設がある。要英語エリア。

ハワイカイ / ハワイ カイ / Hawaii Kai

閑静な住宅街が広がる南東部のエリア。日本語が通じるレストラン、ショップは少ない。

ホノルル / Honolulu

カハラ / カ ハ ラ / Kahala

セレブが集まる高級住宅、別荘地

カハラホテルを中心に、高級住宅地と別荘地が広がる。地元セレブに人気のショップ＆レストラン施設、カハラモールはここに。要英語エリアだ。

🫐 日本語OK
📕 日本語メニューあり

日本語OKのスタッフがいる店、日本語メニューがある店の多さを3段階で表示

ハワイ観光の中心、オアフ島。ツーリストでにぎわうワイキキをはじめ、個性豊かなエリアがいっぱい。それぞれに違った表情を見せてくれる街に、ザ・バスやトロリー、レンタカーで出かけてみよう！ワイキキは日本語OKだが、郊外に行くほど英語でのコミュニケーションが重要に！

ホノルル (Honolulu) とはハワイ語で「穏やかな海」、ワイキキ (Waikiki) は「水が湧くところ」という意味だ。

やりたいコトがいっぱい！

ハワイの旅、

リゾートの要素がギュッと詰まったハワイ。
ショッピングしたり、グルメを堪能したり…。

♪PLAY
マリンスポーツにゴルフ、そして観光。
今日もアクティブに楽しもう！

ビーチアクティビティ
Beach Activities
→ P.26

海と一体感を味わいたい！

ゴルフ
Golf
→ P.40

名門コースでデビューしちゃう？

テーマパーク
Theme Parks
→ P.44

歴史を学びに、芸術を鑑賞に。

博物館＆美術館
Museums & Art Museums
→ P.46

ハワイの歴史とアートを学びに行こう。

🛒 SHOPPING
ハワイならではのアイテムから
アメリカン雑貨まで

ショッピングセンター
Shopping Centers
→ P.58

個性豊かな施設をはしごするのも楽しい。

ハワイアンジュエリー
Hawaiian Jewelry
→ P.72

王族が身に着けていた伝統のジュエリーを！

ビーチアイテム
Beach Items
→ P.80

ビーチアイテムはハワイでゲットするのがおすすめ。

スーパーマーケット
Supermarkets
→ P.84

アメリカンでキッチュなアイテムを探そう。

🍴 話題のパンファインダ

ファインダイニング
Fine Dining
→ P.98

ハワイの食材を使った、究極の料理を。

朝食
Breakfasts
→ P.102

ブッフェやプレートなど多彩な料理を。

パンケーキ
Pancakes
→ P.108

ハワイ発の有名店を食べ歩こう！

プレートランチ
Plate Lunches
→ P.112

ハワイ版弁当。最近はメニューも多彩。

ハンバーガー
Hamburgers
→ P.116

ボリューム満点のグルメバーガーを。

どんなことする？

マリンスポーツを楽しんだり、
ハワイだからできるたくさんのコト、ご紹介します！

EAT	✦BEAUTY	🏨STAY
ケーキから イニングまで	ロミロミやスパで 心も体もリフレッシュ	ホテルからコンドミニアムまで リゾート滞在は思いのまま

ホテルスパ
Hotel Spas
➡ P.132

最高の環境でリラックス気分を味わう。

ホテル
Hotels
➡ P.144

アロハスピリットあふれる滞在を約束。

ロミロミ
Lomi Lomi
➡ P.136

古代から伝わるハワイの癒しを受ける。

コンドミニアム
Condominiums
➡ P.152

ハワイ暮らしを体験してみよう。

これも！
➡ P.138

ハワイの花や植物を使ったケアアイテムもいろいろ。ギフトにもぴったりだ。

🌺 コンドミニアムとは日本でいうマンション。Mansionは英語だと大邸宅という意味。

必勝フレーズひっさげて
ハワイ3泊5日

モデルコース

定番のエリアはもちろん、穴場スポットも行きたい。
そんなツーリストのわがままを叶える
3泊5日プランをご紹介しよう。

1日目

ワイキキでゆっくり でもショッピングは 本気モードで

到着日の時差ボケ解消には
とにかく動くことが一番！

SPA

11:00 長旅の疲れを癒す
ハワイ伝統のマッサージ、ロミロミでリフレッシュしよう。
▶ P.136

徒歩

LUNCH

13:00 ビーチを眺めながらランチ
ハワイ気分を味わうならラナイ（テラス）席を指定しよう。
▶ P.96

【必勝フレーズ】
ラナイ席に座れますか?
キャン ウィ シットイン ザ ラナイ
Can we sit in the lanai?

徒歩

SHOPPING

15:00 ロイヤル・ハワイアン・センターへ
ワイキキ最大の施設。おみやげは
早めに買っておくと安心。
▶ P.60

【必勝フレーズ】
試着していいですか?
キャナイトライ イット オン
Can I try it on?

徒歩

18:00 本場のフラを堪能しながらディナータイム
初日の夜からどっぷりハワイ。
目で舌で満喫しよう。

DINNER

【必勝フレーズ】
とてもおいしいです。
イッツ デリシャス
It's delicious.

2日目

マリンスポーツに挑戦
午後はアラモアナやカカアコへ

朝からアクティブに動きたい。まずはマリンスポーツ。

YOGA

`7:30` 早起きしてビーチ・ヨガへ
ビーチ・ヨガで体にパワーを。朝の空気を体いっぱいに取り込もう。

BREAKFAST

`9:00` 人気のレストランで優雅な朝食
プチリッチな朝食を楽しみながら、1日のプランを。 ●P.104

ACTIVITY

【必勝フレーズ】
今日の波はどうですか？
ハウ アー ザ ウェイヴズ トゥデイ
How are the waves today?

`10:30` マリンスポーツにトライ
眺めるだけでなく、海に入ってハワイの自然を感じよう。
●P.26

LUNCH

`12:00` 話題のプレートランチを青空の下で！
思いっきり動いたあとはグルメプレートランチで栄養補給。
●P.112

【必勝フレーズ】
おすすめは何ですか？
ワッドゥユー リコメンド
What do you recommend?

SHOPPING

`13:30` ザ・バスに乗ってワードエリアへ
ワイキキから周辺への移動はザ・バスが便利。
●P.170

`14:00` ワードビレッジ
ロコ御用達のショッピング施設。レストランも多数。

ザ・バスはお釣り(change)が出ないのでぴったりの金額を準備。トロリーは前もってパスを購入する。

WALKING

15:30
カカアコのアート街で記念撮影
ワードの西側にあるカカアコは写真スポットがいっぱい！
▶ P.24

【必勝フレーズ】
写真を撮ってもいいですか？
イズ イット オーケイ トゥ テイク ピクチャーズ
Is it okay to take pictures?

SHOPPING

17:00
買い物天国アラモアナセンターへ
行きたい店を事前にチェックして効率よく回ろう。
▶ P.60

DINNER

19:00
センター内のレストランでディナー
有名ステーキ店からフードコートまで、多彩な店が集結。
▶ P.94

【必勝フレーズ】
取り皿をもらえますか？
キャナイ ハヴ サム エクストラ プレイツ
Can I have some extra plates?

3日目

ちょっと足をのばしてローカルタウンへ
ワイキキを離れてローカルタウン巡り。のんびりした時間を満喫しよう。

MORNING

10:00 カイルアへ
ローカルな街並みや美しいビーチを散策しよう。

WALKING

8:30
ファーマーズマーケットで朝食
土曜日ならマーケットへ！朝食もここで。
▶ P.88

SHOPPING

DINNER

`11:00`
ローカルタウンで お買い物
お洒落な店が並ぶカイルアタウンはショッピングも充実！
→ P.56

徒歩/バス

`18:00`
ワイキキに戻って 極上ディナーを
少しお洒落して、ワイキキ最後の夜を楽しみたい。
→ P.98

【必勝フレーズ】
ステーキはレアでお願いします。
アィド ライク マイ ステイク レア プリーズ
I'd like my steak rare, please.

徒歩

NIGHT

`19:00`
ワイキキの夜をカクテルと エンタテインメントで
ハワイアン音楽を聴きながら、トロピカルドリンクで乾杯！ → P.50

【必勝フレーズ】
ステージに近い席をお願いできますか？
キャン ウィ ハヴァ テイブル ニア ザ ステイジ
Can we have a table near the stage?

BREAKFAST

4日目
最終日までどっぷりハワイ
チェックアウトまでの時間を有効に使ってハワイを楽しもう。

SHOPPING

徒歩

`9:00`
スーパーやコンビニで 最後の買い物
早朝から開いているコンビニやスーパーで雑貨や買い忘れを調達。

`7:00`
ビーチを見ながら 充実の朝食を
ビーチは見納め。のんびりコーヒーと料理を楽しもう。

【必勝フレーズ】
コーヒーのおかわりをお願いできますか？
キャナイ ハヴァ リフィル オブ マイ カフィー
Can I have a refill of my coffee?

【必勝フレーズ】
小分け用の袋をもらえますか？
キャナイ ハヴ サム スモール バッグズ
Can I have some small bags?

バス

`13:00`
ホノルル空港で買い物
空港には免税店のほか、キオスクやブックストアがある。余ったコインはここで使うといい。

【必勝フレーズ】
これをください。
アイル テイク イット
I'll take it.

空港で果物や植物を買えるが、日本に持ち込めるのは検疫票シール付きか「For Japan」の表記がされているものだけ。

LET'S COMMUNICATE!!
基本フレーズ

必勝!

ヘロウ（こんにちは）をはじめとしたあいさつや、
はい／いいえ、受け答えなどハワイ旅行に最低限必要な
基本フレーズをご紹介。
まずはここからコミュニケーションの一歩を！

基本フレーズ Phrase 01
あいさつ
ヘロウはどの時間帯でもOK。
アロハもあわせて
覚えておこう。

こんにちは。
ヘロウ　アロハ
Hello (Aloha).

ハワイでは「アロハ」を使うことも多い。「おはよう」から「さようなら」まで親しみを込めたあいさつだ。

元気ですか？
ハウ　アー　ユー
How are you?

元気です、
ありがとう。
アイム　グッ
I'm good,
サンクス
thanks.

基本フレーズ Phrase 02
感謝
感謝の気持ちを
相手に伝えることは、大切な
コミュニケーション。

ありがとう
ございます。
サンキュー
Thank you
マハロ
(Mahalo).

「アロハ」同様、一般的に使われるハワイならではの感謝のフレーズ。

どういたしまして。
ユア ウェルカム
You're welcome.

基本フレーズ
Phrase 03

謝罪

「失礼」「何ですって？」だと
Excuse me?
（イクスキューズ ミー）
とも。

ごめんなさい。
アィム ソーリィ
I'm sorry.

大丈夫ですよ。
ノー プロブレム
No problem.

基本フレーズ
Phrase 04

別れ

親しい間だと
Bye now.（バイ ナウ）
という言い方も。

さようなら。
グッバイ
Goodbye.

またね。
シー ユー
See you
ア フイ ホウ
(A hui hou).

お世話に
なりました。
サンキュー フォー
Thank you for
エブリシン
everything.

〇〇さんに
よろしく。
セイ ハイトゥ 〇〇
Say hi to 〇〇.

🌴 Aloha（アロハ）は別れのあいさつにも使われる。感謝の気持ちを込めたハワイ語だ。

基本フレーズ Phrase 05

呼びかけ

聞きたいことがある場合や給仕を呼ぶときはこの2つがあればOKだ。

すみません。
イクスキューズ ミー
Excuse me.

やあ!
ヘイ
Hey!

気軽な呼びかけ方。

基本フレーズ Phrase 06

はい／いいえ

自分の意思を示すための基本のワードだ。これをしっかりと伝えよう。

はい。
イエス
Yes.

いいえ。
ノー
No.

基本フレーズ Phrase 07

断り

曖昧にせず、知らないことや断りははっきりと意思を伝えるのがマナー。

知りません。
アイ ドン ノウ
I don't know.

結構です。
ノー サンクス
No, thanks.

やんわり断るときはI'm fine.(アイム ファイン)という言い方もある。

基本フレーズ Phrase 08

聞く、お願いする

わからなかったり
聞きとれないとき、
お願いするときは
これらのフレーズを。

何と言いましたか?
ワッ ディッジュー セイ
What did you say?

どういう意味ですか?
ワッ ドゥ ユー ミーン
What do you mean?

もう少しゆっくり話してください。
キャン ニュー スピーク モア スロウリィ
Can you speak more slowly?

もう一度言ってくれますか?
パードン ミー
Pardon me?

ちょっと聞いていいですか?
キャナイ アスク ユー サムシン
Can I ask you something?

基本フレーズ Phrase 09

よく見るハワイ語

レストランのメニューで、
トイレで、一度は
見かけるハワイ語がこれ。
知っておこう!

女性 ワヒネ Wahine
男性 カネ Kane

おつまみ、前菜
ププ
Pūpū

わからないことは確認することが大事。聞くことは決して恥ずかしいことではない。

LET'S COMMUNICATE!!

もっとDEEPに 愛されフレーズ

基本のあいさつだけではなく、ハワイならではの呼びかけをしたり感動を伝えてみよう。コミュニケーションがもっと楽しくなるに違いない！

愛されフレーズ Phrase 01

呼びかけ

ハワイならではの呼びかけ。親しみと尊敬を込めた呼びかけ方なのだ。

おばさん。
アンティ
Auntie.

ハワイではアンティというのは親しみを込めた呼び方。

おじさん。
アンコー
Unko.

Uncle（おじさん）が短くなった形。親しみを込めた呼び方。

愛されフレーズ Phrase 02

感動フレーズ

感動したときに、こんなフレーズが出たら、ハワイの人たちも大喜び！

本当？
リアリィ
Really?

すごい!!
ワオ
Wow!!

びっくり!!
オー マイ ガッシュ
Oh my gosh!!

うっそー!
ノーウェイ
No way!

おいしい。
ヤミィ
Yummy.

愛されフレーズ
Phrase 03

困った

困ったらこのフレーズ。ハワイの人たちはきっと手を差し伸べてくれるはず。

愛されフレーズ
Phrase 04

相づち

会話の中で、こんな相づちが打てたら、それはもうコミュニケーション上級者。

ハワイは移民が多く、それぞれになまりがある。発音に自信がなくても問題なし！

英語だけじゃない！ハワイ語も覚えておこう！

旅行者ならばほとんどが英語で事足りるハワイだが、案内表示やメニューなど随所にハワイ語を見ることがある。代表的なハワイ語を知っていると旅がもっと楽しくなる。

あいさつ

ハワイ語	読み仮名	日本語
Aloha	アロハ	こんにちは、さようなら、愛しています
Aloha kakahiaka	アロハ カカヒアカ	おはよう
Aloha ahiahi	アロハ アヒアヒ	こんばんは
Mahalo	マハロ	ありがとう
Mele kalikimaka	メレ カリキマカ	メリークリスマス

よく耳にする言葉

ハワイ語	読み仮名	日本語
Aina	アイナ	場所
Ohana	オハナ	家族
Kahakai	カハカイ	ビーチ
Hoaloha	ホアロハ	友達
Kai	カイ	海
Nalu	ナル	海の波
Kelepona	ケレポナ	電話
Lanai	ラナイ	ベランダ（テラス）

Mauka	マウカ	山に向かって
Makai	マカイ	海に向かって
Wahine	ワヒネ	女性
Kane	カネ	男性
Keiki	ケイキ	子ども、赤ちゃん

食事に関する用語

ハワイ語	読み仮名	日本語
Pūpū	ププ	おつまみ、前菜
Aina kahahiaka	アイナ カハヒアカ	朝食
Aina ahiahi	アイナ アヒアヒ	ディナー
Aina awakea	アイナ アワケア	昼食
Hale 'aina	ハレ アイナ	レストラン
Wai	ワイ	水

交通に関する用語

ハワイ語	読み仮名	日本語
Paikala	パイカラ	自転車
Moku	モク	ボート
Ka'a 'ōhua	カア オーフア	バス
Ka'a kahua mokule	カア カフア モクレ	空港シャトル
Wahi kūkulu ka'a	ワヒ クークル カア	駐車場

ハワイの通り名はハワイ語のものが多く、ローマ字読みだから日本人はわかりやすい。

ハレ's advice ハワイのピジン英語を効果的に使おう！

ピジン英語とは英語と現地語が混合した独自の混成言語のこと。ハワイでは、人口約130万人のうちアジア系が39％（日系はうち20％）、ハワイアンやポリネシアンは10％弱。そのため各国の言葉が混じりあったハワイのピジン英語が話されるようになったんだ。

よく聞くピジン英語

	英語	ピジン英語
「ヤア！ どうだい？」	Hey! How are you?	エイ！ ハウゼ？ (Eh! Howzit?)
「終わったの？」	Finish?	パウ・オールレディ？ (Pau already?)
「すごくおいしい」	Delicious.	ブローク・ダ・マウト (Broke da mouth.)
「わかったよ」「OK」	Okay then.	ケーデン (K den.)
「そのような」とか「〜みたいな」	That kind of thing.	ダ・カイン (Da kine.)
「できないよ」	Cannot.	ノーキャン (No can.)
「なんでも」	Any kind.	エニカイン (Enny kine.)

ハレ旅会話

ハワイ
英語

PLAY

- P.26 ビーチアクティビティ
- P.32 オプショナルツアー
- P.36 カルチャーレッスン
- P.40 ゴルフ
- P.44 テーマパーク
- P.46 博物館&美術館
- P.50 夜のイベント

基本フレーズ

アクティビティで使える便利なフレーズをご紹介。
あとはたっぷり楽しむだけ。Have fun!

このクーポンは使えますか？
Can I use this coupon?
(キャナイ ユーズ ジス キューポン)

チケット売り場はどこですか？
Where can I purchase a ticket?
(ウェア キャナイ パーチェス ア ティケット)

学生割引はありますか？
Do you offer student discounts?
(ドゥ ユー オファー スチューデント ディスカウンツ)

child	子ども
senior	シニア

(チャイルド / シニア)

トイレはどこですか？
Where is the restroom?
(ウェア イズ ザ レストルーム)

ツアーを予約したいのですが。
I'd like to book a tour.
(アイド ライク トゥ ブック ア ツアー)

写真やビデオを撮ってもいいですか？
Is it okay to take pictures and videos?
(イズ イット オーケイ トゥ テイク ピクチャーズ アンド ヴィディオズ)

館内でドリンクは飲めますか？
キャン ウィ ハヴ ベヴァレッジズ インサイド
Can we have beverages inside?

食事をとれるところはありますか？
イズ ゼア サムウェア ウィ クッド ゲット サムシン トゥ イート
Is there somewhere we could get something to eat?

荷物を預けられますか？
イズ ゼア サムウェア ウィ クッド リーヴ アワ バッグズ
Is there somewhere we could leave our bags?

サーフボードのレンタルをお願いします。
アイド ライク トゥ レント ア サーフボード
I'd like to rent a surfboard.

1時間いくらですか？
ハウ マッチ イズ イット パー アワー
How much is it per hour?

写真を撮ってもらえますか？
ウッジュー プリーズ テイク アワ ピクチャー
Would you please take our picture?

♪ PLAY

基本 / アクティビティ / オプショナルツアー / カルチャーレッスン / ゴルフ / テーマパーク / 博物館＆美術館 / 夜のイベント

何かお願いしたいときは「Can I ～?」あるいは「Would you ～?」が基本パターン。

Beach Activity Simulation
ビーチアクティビティ
完全シミュレーション

What is 『ビーチアクティビティ』

ビーチで行う遊びのこと。一般的には料金を払って道具を借りたり、スタッフの指導を受けながら楽しむものが多い。ハワイのビーチアクティビティで人気なのは、なんといってもサーフィン。ほかにもシュノーケリング、アウトリガーカヌーなどバリエーション豊富。

❀ サーフィン ❀

申し込み

今日の波はどうですか?
ハウ アー ザ ウェイヴズ トゥデイ
How are the waves today?

サーフポイントは各地にある。

いいですよ。 / 風が強すぎます。
グッド / イッツ トゥー ウィンデイ
Good. / **It's too windy.**

サーフボードのレンタルをお願いします。
アイド ライク トゥ レント ア サーフボード
I'd like to rent a surfboard.

1時間いくらですか?
ハウ マッチ イズ イット パー アワー
How much is it per hour?

サーティ ミニッツ	トゥー アワーズ
30 minutes 30分	**2 hours** 2時間
ハーフ デイ	ワン デイ
half day 半日	**one day** 1日

スタンド・アップ・パドルも注目されている。

荷物は預かってもらえますか?
キャナイ リーヴ マイ バッグズ ヒア
Can I leave my bags here?

初心者です。誰か教えてくれる人はいますか?
アイム ア ビギナー
I'm a beginner.
イズ ゼア サムワン フー クッド ティーチ ミー
Is there someone who could teach me?

申し込み

クラスがあります。プライベートだと1時間$90、セミプライベートは1人1時間$70です。
ウィ ハヴ クラシズ プライヴェト レッスンズ アー ナインティダラーズ パー アワー アンド セミ プライヴェト レッスンズ アー ゼヴンティダラーズ パー アワー パー パーソン
We have classes. Private lessons are $90 per hour and semi-private lessons are $70 per hour, per person.

サーフボードレンタル料金も含まれていますか?
ダズ ザット インクルード ザ ボード レンタル フィー
Does that include the board rental fee?

はい。保険料は入っていません。
イエス バットイット ダズ ノット インクルード インシュランス
Yes. But it does not include insurance.

こちらが申込書です。ここにサインをお願いします。
ヒア イズ ジ アプリケイション フォーム プリーズ サイン ヒア
Here is the application form. Please sign here.

❀ シュノーケリング、スキューバダイビング ❀

 申し込み

 透明度はどうですか?
ハウ クリア イズ ザ ウォータ
How clear is the water?

とてもクリアです。 / 今日は少し濁っています。
イッツ ヴェリィ クリア / イットメイ ビー ア リトル クラウディ トゥデイ
It's very clear. / It may be a little cloudy today.

 どんな魚が見られますか?
ワッ カインド オブ フィッシュ キャン ウィ シー
What kind of fish can we see?

フムフムヌクヌクアプアアとかがいます。
ゼア アー フムフム ヌクヌクアプアア フォー イグザンプル
There are Humuhumunukunukuapuaa, for example.

ハワイ語のこの長い名前を持つ魚は実在する。英名は trigger fish。

シュノーケリングで海の世界へ。

定期的にグループレッスン (group lesson) を開催しているサーフスクールもある。

🌸 カタマラン 🌸

予約なしで行く場合

カタマランは手軽に楽しめるクルーズだ。

 申し込み

次の船は何時ですか?
ワッ タイム イズ ザ ネクスト ボート
What time is the next boat?

13時です。
アット ワン ピーエム
At 1:00 pm.

2人ですが乗れますか?
イズイットアヴェイラブル フォー トゥー ピープル
Is it available for two people?

スリー three	3人	フォー four	4人
ファイヴ five	5人	シックス six	6人

もちろんです。
シュア
Sure.

揺れますか?
イズイットチョッピイ
Is it choppy?

多少揺れます。／それほど揺れません。
イット メイ ビー チョッピイ　　イッツ ノット ソー チョッピイ
It may be choppy. It's not so choppy.

所要時間はどれくらいですか?
ハウ ロング ダズ ザ ツアー テイク
How long does the tour take?

約1時間です。
イット テイクス アバウト アン ナワー
It takes about an hour.

飲食はできますか?
イズ ゼア エニイ フード アンド ドリンク オン ボード
Is there any food and drink on board?

無料のドリンクがあるのでそれをどうぞ。
ゼア ラー コンプリメンタリイ ドリンクス オン ボード
There are complimentary drinks on board.

予約をする

こんにちは。明日のツアーを予約したいのですが。
ヘロウ アイド ライク トゥ ブック ア ツアー フォー トゥモロウ
Hello. I'd like to book a tour for tomorrow.

承知しました。何時のツアーをご希望ですか？
シュア ワッ タイム ウッジュー ライク
Sure. What time would you like?

ツアーは何時にありますか？
ワッ タイムズ アー ユア ツアーズ
What times are your tours?

ツアー P.30

10時〜16時まで毎時間ごとに出ています。
ウィ ハヴ ツアーズ エヴリイ アワー
We have tours every hour
フロム テン エイエム トゥ フォー ピーエム
from 10:00 am to 4:00 pm.

キャンセルに関する条件はどうなっていますか？
ワッ イズ ユア キャンセレイション ポリシイ
What is your cancellation policy?

ツアーの24時間前までなら
キャンセルできます。
ユー キャン キャンセル ユア リザヴェイション
You can cancel your reservation
トゥエンティフォー アワーズ プライア トゥ ザ ツアー
24 hours prior to the tour.

何か持参したほうがいいものはありますか？
イズ ゼア エニシン アイ シュド ブリング ウィズ ミー
Is there anything I should bring with me
オン ザ ツアー
on the tour?

ウインドブレーカーがあると
いいかもしれません。
ユー マイト ニード ア ウインドブレイカー
You might need a windbreaker.

帽子とサングラスは必需品ですよ。
ユー シュド ブリング ア ハット アンド サングラッシィズ
You should bring a hat and sunglasses.

冬に人気なのはクジラを観に行くホエールウォッチングツアー（whale-watching tour）だ。

参加できますか？
イズイット
アヴェイラブル
Is it available?

ビーチに行ったら何する？
マリンアクティビティ *Catalog*

海で思いっきり体を動かしてアクティビティを満喫しよう。簡単な英語フレーズだけでも十分楽しめるアクティビティをここでご紹介！

On the sea

サーフィン
サーフィン
Surfing

上級者にはノース・ショアやサンセットビーチが人気だが初心者ならばワイキキあたりから。レンタルボードや初心者用レッスンもあり。

スタンド・アップ・パドル
スタンド アップ パドル ボード
Stand Up Paddleboard

サーフボードの上に立ち、パドルを漕いで進む。浮力があるので比較的に安定し、波がないときにはゆったり海上の眺めを楽しめる。

アウトリガー・カヌー
アウトリガー カヌー
Outrigger Canoe

浮きが付いた南太平洋地域特有のアウトリガーカヌーは、ハワイの王族にも愛された乗り物。パドルで漕ぎながら波乗りを楽しむ。

アクアサイクル
アクアサイクル
Aquacycle

タイヤが浮き輪になっている三輪車。足で漕ぎながら海上のサイクリングを楽しむことができる。漕ぐのは大変だけどいい運動に。

ダック・ツアー
ダック ツアー
Duck Tour

DUCKとは米軍が第二次世界大戦中に物資を運ぶために使った水陸両用車のこと。ホノルル市内を走るコースやサンセットを眺めるツアーも。

シュノーケリング
シュノーケリング
Snorkeling

空気を吸うためのシュノーケルと、ゴーグル、足ひれ（フィン）を装着して海にぷかぷか浮かびながら海中を眺めることができる。

サンセットクルーズ
サンセット クルーズ
Sunset Cruise

船上で食事やカクテルを楽しみながら、サンセットを眺めるツーリストに人気のクルーズがこれ。

In the air

パラセイル
パラセイル
Parasail

紐でつながれたボートに引かれながら、色鮮やかなパラセイルと共に空中へ。海上約150mの高さから大海原を眺めるのは爽快。

ジェットレヴ・フライヤー
ジェットレヴ フライヤー
Jetlev Flyer

背中に装着したマシンのノズルから噴射される水の圧力を利用して、海の上を自在に飛び回る新感覚のマリンアクティビティ。

Under the sea

アトランティスサブマリン
アトランティス サブマリン
Atlantis Submarine

潜水艦に乗って海底をひと巡り。色とりどりの魚やサンゴ礁が生息する、幻想的な海の世界が目の前に広がる。子どもも参加可能。

スキューバダイビング
スクーバ ダイビング
Scuba Diving

空気の入ったタンクを背負って海中を泳ぐ人気のマリンアクティビティ。魚やサンゴのほか、ホヌ（ウミガメ）やイルカを間近に見ることも。

パラセイルやスキューバダイビングなど保険（insurance）加入必須ツアーもあるので申込み時にチェックを。

オプショナルツアー
完全シミュレーション

『オプショナルツアー』

旅行の行程の中に別料金を払って追加する観光やアクティビティをオプショナルツアーと呼ぶ。旅行会社によって用意されている内容はさまざまだがオアフ島一周ツアーやホエールウォッチングなどが人気。日本語スタッフが付く場合も多いが、英語ができるとより楽しい。

① 集合

集合場所はどこですか？
ウェア イズ ザ ミーティング プレイス
Where is the meeting place?

ロビーでお待ちください。
プリーズ ウェイト イン ザ ロビィ
Please wait in the lobby.

オアフ島一周ツアーにご参加の佐藤さま〜。
ミズ サトウ フォー ザ サークル アイランド ツアー
Ms. Sato for the circle island tour.

はい。私です。
イエス アィム ヒア
Yes, I'm here.

バウチャーをお見せください。
バウチャーとは予約確認書のこと。
ユア ヴァウチャー プリーズ
Your voucher, please.

ありがとうございます。バスにお乗りください。
サンキュー ヴェリイ マッチ プリーズ ゲット オン ザ バス
Thank you very much. Please get on the bus.

どこに座ってもいいですか？
キャナイ シット エニィウェア
Can I sit anywhere?

もちろん。お好きなところにどうぞ。
シュア ユー キャン シット ウェアレヴァ ユー ライク
Sure. You can sit wherever you like.

決まっています。座席番号をご確認ください。
アイム アフレイド ユー キャント
I'm afraid you can't.
プリーズ チェック ユア シート ナンバー
Please check your seat number.

集合

トイレに行く時間はありますか?
ドゥ ウィ ハヴ タイム トゥ ゴー トゥ ザ
Do we have time to go to the
バスルーム
bathroom?

ミニ マート	フロント デスク
Mini Mart 売店	front desk フロント

もちろん。どうぞ。
シュア ゴー アヘッド
Sure. Go ahead.

観光スポットで

モアナルア・ガーデンズに着きました。
ウィ ハヴ ナウ アライヴド アット モアナルア ガーデンズ
We have now arrived at Moanalua Gardens.

何時までに戻ればいいですか?
ワット タイム シュド アィビー バック ヒア
What time should I be back here?

人気レストランもツアーなら行列なし。

20分後に出発しますので10時30分までに戻ってください。
ザ バス ウィル ビー リーヴィン イントゥエンティ ミニッツ
The bus will be leaving in 20 minutes.
プリーズ ビー バック バイ テンサーティ
Please be back by 10:30.

ランチ

ドリンクはツアー代金に含まれていないので、ご自身でお支払いください。
ドリンクス アー ノット インクルーディド
Drinks are not included.
プリーズ ペイ フォー ユア オウン ベヴァレッジズ
Please pay for your own beverages.

レンタカーを利用しない人や、時間があまりない人はツアーを利用するのも効率的だ。

サンド・バーツアー、ドルフィンスイムツアー…etc.
現地ツアーに参加しよう!

現地ツアーに参加するメリットには「短時間で効率よく巡れる」「現地までの移動がラク」などがある。ハワイにはさまざまな人気ツアーがあるので、参加を検討してみては?

白砂の浅瀬、サンド・バーにはツアーでのみアクセス可能なエリアだ。

🚩 サンド・バーツアー

ツアー会社のボートに乗って
サンド・バーへと向かう。

サンド・バーは干潮時にカネオヘ湾に現れるサンゴでできた白砂の浅瀬。そこへは専用ツアーでのみ訪れることができる。シュノーケリングなどのアクティビティもぜひ。

🚩 オアフ島一周ツアー

TVでもおなじみのモンキー・ポッドがある
モアナルア・ガーデンズ・パーク。

ノース・ショアや、日立のCMで知られるモアナルア・ガーデンズ・パークなどオアフ島の名所をぐるっと巡ってくれるツアー。半日コースや1日コースなどさまざまなプランがある。

現地ツアーの予約方法

1. 日本の旅行会社を通して予約する
旅行代理店でハワイ旅行を申し込んだ際に、オプショナルとして現地ツアーを一緒に申し込む方法。料金のやりとりまで全て日本語で確認ができるので安心だ。

2. インターネットで予約する
現地のツアー催行会社がホームページを持っている場合は、メールを送るか、申し込みフォームに希望日時や連絡先、氏名などを入力して申し込むことができる。

3. 現地に到着後、直接予約する
ハワイに到着後でも現地のツアー会社に直接申し込むこともできる。ホテルにツアーデスクが設けられていることも多い。ただし人気ツアーは早めの予約が必要。

ぽっかり予定が空いたらホテルのツアーデスクへ相談。

ツアーの流れ 例

7:30 集合場所へ
現地ツアーは早朝に集合となることが多いので、できるだけ宿泊するホテル近くに集合場所があるツアーを選ぶのがいい。

7:40 点呼
ほかのツアーも同じ集合場所を使用している場合が多いので、間違わないように気を付けたい。

〜車に乗って移動〜

8:10 現地に到着
担当者の指示に従ってアクティビティの準備をする。ほかの参加者とも声をかけ合って仲良くなれば楽しい雰囲気に。

8:30 アクティビティ、スタート
担当者の注意事項をしっかりと聞いた上でお楽しみスタート。ハワイの空気の中で遊ぶのは格別な気分。

12:00 ランチ
ツアーによってはランチが付いている場合も。たっぷり遊んでお腹が空いているのでなおさらおいしい雰囲気もひとしお。

13:00 再びワイキキへ
ワイキキへの帰路は車内でお昼寝。ツアーの車ならば寝ちゃっても降り過ごしがないので安心だ。

🚩 ドルフィンスイムツアー

かわいいイルカの群れがすぐ近くを泳ぐ。

ボートで沖まで行き、そこからシュノーケリング。イルカの群れを見たり、ときにはウミガメがすぐ側を泳いでいくことも。参加する時間にもよるが、船上でランチが用意されているツアーも。

🚩 カイルアツアー

エメラルドグリーンの海を眺めるカイルア・ビーチ。

ワイキキから車で30分ほどのカイルアタウンを訪れるツアー。現地ではレンタサイクルで街を巡ってショッピングしたり、カイルア・ビーチでのんびりしたり思い思いの時間を過ごすことができる。

ほかにもある！ 人気のツアー

▶ 日の出とダイヤモンド・ヘッド
まだ星が見える夜が明けぬうちにダイヤモンド・ヘッドへと登り、頂上から静かに昇る朝日を眺める。黄金色に輝く神々しい海やワイキキの街を眺め8時頃には下山。

▶ ホエールウォッチング
専用の船に乗って海に出て、クジラをウォッチング。雄大な海をクジラが泳ぐ姿を見るのはまさに感動。ただし、自然の生き物なので見れるかどうかは運次第。

▶ ホノルル歴史探訪
ワイキキには、ハワイ王朝時代の歴史の痕跡が残るスポットが多い。ハワイ王朝を築いたカメハメハ王から、王朝最後の女王リリウオカラニに関することまで解説を聞きながら巡る。

▶ パワースポット巡り
ハワイにはマナ（霊力）を感じる癒しのスポットが多くある。そんなパワースポットをぐるっと巡るツアーも人気。ヘイアウ（祈祷所）がコースに入っているものも。

PLAY / 基本 / ビーチアクティビティ / オプショナルツアー / カルチャーレッスン / ゴルフ / テーマパーク / 博物館＆美術館 / 夜のイベント

英語のフリーペーパー（無料情報誌）に載っているツアーだと、ガイドもドライバーも英語のみという場合が多い。

カルチャーレッスン
完全シミュレーション

『カルチャーレッスン』

ハワイの伝統的なカルチャーを学ぶことは、ハワイ旅行のだいご味のひとつ。ハワイアンキルトやレイ作り、フラのレッスン、ハワイアンジュエリー作り、ウクレレのレッスンなどさまざまなプログラムが用意され、短いものならば1時間程度でできるコースもある。

申し込み

ハワイアンキルトを習いたいのですが。
アイド ライク トゥ ラーン
I'd like to learn
ハウ トゥ メイク ア ハワイアン キルト
how to (make) a Hawaiian quilt.

| フラ hula フラ | ア リボン レイ a ribbon lei リボンレイ |
ハワイアン ジュエリィ
Hawaiian jewelry ハワイアンジュエリー

わかりました。ここで申込書に記入してください。
オーケイ ウィル ユー プリーズ サイン ナップ ヒア
Okay. Will you please sign up here?

ごめんなさい、今日はクラスがないんです。
ソーリイ ウィ ドン ハヴ エニイ クラシイズ トゥデイ
Sorry, we don't have any classes today.

レッスン代はいくらですか?
ハウ マッチ ダズ イットコスト
How much does it cost?

$○○です。 / 無料です。
イッツ ○○ダラーズ   イッツ フリー
It's $○○.   It's free.

宿泊ゲスト向けに無料のクラスを開催しているホテルも多い。ショッピングセンターなどでも無料講習を開催している。

ウクレレレッスン (ukulele lesson) も人気だ。

申し込み

材料費は含まれていますか？
ダズ イット インクルード ザ マテリアル コスト
Does it include the material cost?

時間内にできなかったら続きは自宅で。

はい、含まれています。
イエス イッツ インクルーディド
Yes, it's included.

いいえ、別途必要です。
ノー ユー ニード トゥ ペイ アン アディショナル
No, you need to pay an additional
コスト フォー ザ マテリアルズ
cost for the materials.

どのくらい時間がかかりますか？
ハウ ロング イズ ザ クラス
How long is the class?

約1時間です。
イッツ アバウト ワン ナワー
It's about one hour.

習う

ここがわかりません。
アイ ドン ノウ ワット トゥ ドゥ ヒア
I don't know what to do here.

わからないところは指さしで聞いてみよう。

もう一度やってみてもらえますか？
クッジュー ショウ ミー ワン モア タイム
Could you show me one more time?

とっても楽しいです。
アイム ハヴィン サッチ ア グッ タイム
I'm having such a good time.

初心者でも大丈夫!!

私にはちょっと難しいです。
イッツ ア リトル ビット ディフィカルト
It's a little bit difficult
フォー ミー
for me.

🌞 フラレッスンも人気。とくに着替えの用意は必要ないので、見つけたら気軽に参加してみよう。

ハレ旅 Study
ハワイの音楽・楽器

ハワイアンの伝統と西洋の音楽が融合

　ペレやヒイアカなど多くの神々の物語が残るハワイ。古代、その神々を讃える時に踊られていたのがフラ（踊り）であり、長い歴史の中メレ（歌）とともに、文字を持たないハワイアンの歴史を伝えてきた。楽器も木の実やひょうたんなどで作られた、打楽器系の素朴なものであった。やがて西洋人がハワイに入植してくると、西洋音楽の要素が取り入れられ、今のハワイアンミュージックが生まれた。伸びやかなスチールギターの音色やウクレレの軽快なリズム、男性シンガーのファルセットなどがハワイの美しい情景をイメージさせ、聴く者の心を癒してくれる。最も有名な曲のひとつ『アロハ・オエ』は、ハワイ王国第8代女王リリウオカラニによって作られた歌だ。

Ukulele ウクレレの魅力にハマる

跳ねるノミのように軽快な音色が魅力

ギターを小さくしたような形のウクレレ。その起源は、1897年頃にハワイに持ち込まれたポルトガルのブラギーニャだという説がある。名前の意味はハワイ語で飛び跳ねるノミという意味で、サイズは小さいものからソプラノ、コンサート、テナー、バリトンまである。軽快な音色が魅力で、ハワイ音楽には欠くことのできない楽器だ。

『アロハ・オエ』対訳

Aloha 'Oe
Ha'aheo ka ua i na pali
Ke nihi a'ela i ka nahele
E hahai ana paha i ka liko
Pua 'ahihi lehua o uka
Aloha 'oe, aloha 'oe
E ke onaona noho i ka lipo
A fond embrace a ho'i a'e au
Until we meet again.

優しく　奏ずるは
ゆかし　ウクレレよ
ハワイの波静か
夢を乗せて揺るる

アロハ・オエ　アロハ・オエ
こだまする　あの調べよ
アロハ・オエ　アロハ・オエ
さらば　ハワイよ

徳山たまき（1903－1942）訳

フラを堪能する

音楽とフラはハワイの夜になくてはならないもの

ハワイの音楽はフラと切り離すことはできない。ワイキキでもショッピングセンターやレストラン、バー、ホテルなどで、ハワイアンミュージックとフラのステージが、数多く繰り広げられている。フラにはエンターテインメント性が高い現代フラのアウアナと、古代スタイルを受け継ぐカヒコの2種があり、見比べるのも一興だ。

無料カルチャーレッスンを受けよう

ホテルやショッピングセンターでは無料のカルチャーレッスンが行われていることも多い。フラやウクレレのプログラムも用意されているのでぜひ体験してみては？英語によるレッスンが多いけど、初心者向けなので大丈夫。

フラ音楽はハワイ語のみだが、ハワイアンミュージックは英語で歌うミュージシャンも。

Golf Simulation
ゴルフ
完全シミュレーション

What is 『ゴルフ』

ハワイ州には世界トップクラスのゴルフコースが多い。からっと乾いた空気はスポーツをするのにうってつけの環境。ハワイの美しい自然の中でのプレーはまさに心地よさ満点。初心者向けのレッスンを催している会社もあり、ゴルフデビューにもハワイは最適。

 予約

明日のプレーを予約したいのですが。
アイド ライク トゥ ブック ア ティー タイム トゥモロウ
I'd like to book a tee time tomorrow.

 人気のコース P.43

ザ デイ アフター トゥモロウ
the day after tomorrow あさって

ネクス ウィーク
next week 来週 | ネクス マンディ
next Monday 来週の月曜日

何時が空いていますか?
ワッ タイムズ アー アヴェイラブル
What times are available?

9時と11時30分が空いています。
ナイン オクロック アンド イレヴンサーティ アー アヴェイラブル
9 o'clock and 11:30 are available.

では9時にします。ビジター料金はいくらですか?
アイル テイク ナイン オクロック
I'll take 9 o'clock.
ハウ マッチ イズ ザ グリーン フィー フォー ヴィジターズ
How much is the green fee for visitors?

税込みで1人1ラウンド$110です。
イッツ ワンハンドレッドテンダラーズ パー パーソン パー ラウンド インクルーディング タックス
It's $110 per person per round including tax.

車がないのですが、
コースまではどうやって行けばいいですか?
ウィ ドン ハヴ ア カー ハウ キャン ウィ ゲット ゼア
We don't have a car. How can we get there?

予約

○○ホテルから無料のシャトルバスが出ています。
ユー キャン テイク アワ コンプリメンタリィ シャトル バス
You can take our complimentary shuttle bus
フロム ザ ○○ ホウテル
from the ○○ Hotel.

タクシーをご利用いただくしかないです。
ユー ニード トゥ テイク ア タクシー
You need to take a taxi.

ここには練習場はありますか?
ドゥ ユー ハヴァ ドライヴィン レインジ
Do you have a driving range
アンド ア パッティング グリーン
and a putting green?

パットの練習場はありますが、
打ちっぱなしはありません。
ウィ ハヴァ パッティング グリーン
We have a putting green
バット ノット ア ドライヴィン レインジ
but not a driving range.

靴とクラブを借りたいのですが。
アイド ライク トゥ レント シューズ アンド クラブス
I'd like to rent shoes and clubs.

プロショップで借りられますよ。
ユー キャン レント ユア エクイプメント アット アワ プロ ショップ
You can rent your equipment at our Pro Shop.

プレー

今日はどこからスタートですか?
ドゥ アイ ティー オフ オン ザ フロント ナイン オア ザ バック ナイン
Do I tee off on the front nine or the back nine?

今日はフロント・ナイン、1番からです。
トゥデイ ユー ウィル ティー オフ フロム
Today you will tee off from
ザ フロント ナイン ホウルズ スタート アット ホウル ナンバーワン
the front nine holes. Start at hole #1.

1～9ホールをフロント・ナイン、10～18番ホールをバック・ナインという。

スタートしていいですか?
キャナイ ティー オフ
Can I tee off?

はい、どうぞ。
イエス ユー キャン
Yes, you can.

名門コースでプレーできるオプショナルツアーもあるので利用するのもいいだろう。

ゴルフで使えるフレーズ

カートはどこですか?
ウェア キャナイ ゲット ア カート
Where can I get a cart?

ナイスショット!
グッ ショッ
Good shot!
英語ではナイスショットとはほとんど言わない。

風はアゲインストだ。
イッツ ア ヘッドウィンド
It's a headwind.

ナイスオン。
ユー アー グッ オン
You are good on.

次の番ですよ。
ユー アー ザ ネクス
You are the next.

なんて素敵なコースなんだ!
ワッ ア ビューティフル コース
What a beautiful course!

お先に。
アィル ゴー アヘッド
I'll go ahead.

今日はいくつで回ったの?
ワッ スコア ディッジュー メイク
What score did you make?

スコアはよかったよ!
アィガッタ グレイト スコア
I got a great score!

GOOD!!!!

ハワイの空へ打ってみよう！
ハワイの人気ゴルフコース *Catalog*

日本より手頃な料金でプレーが楽しめるハワイのゴルフ場。
気温が上がる午後は、プレー料金も割安になるので、狙い目かも。

コオリナゴルフクラブ
コ オリナ ゴルフ クラブ
Ko Olina Golf Club

自然の地形を活かした、オーシャンビューの爽快感あふれるコース。ショップも充実している。
☎808-676-5300

カポレイゴルフクラブ
カポレイ ゴルフ クラブ
Kapolei Golf Club

ビギナー向けレッスンもあり、初めての人でも利用しやすい。クラブハウスは食事が充実。
☎808-674-2227

ハワイプリンスゴルフクラブ
ハワイ プリンス ゴルフ クラブ
Hawaii Prince Golf Club

エバ平原に位置。池とバンカーの配置も巧み。アーノルド・パーマー氏がデザイン。
☎808-944-4567

ハワイカイリゾートゴルフクラブ
ハワイ カイ リゾート ゴルフ クラブ
Hawaii Kai Resort Golf Club

平坦なフェアウェイと広々としたグリーンは、比較的ゴルフデビューに適している。
☎808-395-2358

タートルベイリゾートゴルフクラブ
タートル ベイ リゾート ゴルフ クラブ
Turtle Bay Resort Golf Club

海に面しジャングルの中のフェアウェイも。アーノルド・パーマー氏がデザインに参加した。
☎808-293-8574

パールカントリークラブ
パール カントリイ クラブ
Pearl Country Club

パールハーバーを眼下に眺めるという絶景が魅力。トーナメントも開催される。
☎808-487-3802

ハワイでは途中休憩をはさまずに18ホールを一気に回るのが一般的。5ホールのみというプランもある。

Theme Park Simulation
テーマパーク
完全シミュレーション

What is 『テーマパーク』

テーマに沿ってサービスを提供するレジャー施設のこと。ハワイのテーマパークといえば大自然の中で遊べるクアロア・ランチや、パイナップル・ガーデン迷路があるドール・パイナップル・プランテーション、伝統舞踊が観られるポリネシアン文化センターなどが人気。

 予約

チケットはいくらですか?
ハウ マッチ イズ ア ティケット
How much is a ticket?

入場料のみは$○です。
ザ ジェネラル アドミッション イズ ○ダラーズ
The general admission is $○.

イルカと触れ合えるアトラクション付きのチケットもあると聞いたのですが。
アイ アンダースタンド ユー オールソウ ハヴ ティケッツ
I understand you also have tickets
フォー ザ ドルフィン エンカウンター
for the Dolphin Encounter.

そちらは$○です。
ゼイ アー ○ダラーズ
They are $○.

すみません、今日は満席です。
アイム ソーリイ ゼイ アー フリイ
I'm sorry, they are fully
ブックト トゥデイ
booked today.

事前の予約が必要です。
ユー マスト メイク ア リザヴェイション
You must make a reservation
イン アドヴァンス
in advance.

アクティビティ

ゲームに参加してもいいですか?
キャナイ ジョイン ザ ゲイム
Can I join the game?

もちろん！大歓迎ですよ！
シュア カモン イン
Sure! Come on in!

ショー

ポリネシアンディナーショーの会場へは
どうやって行けばいいですか?
クッジュー テル ミー ハウ トゥゲット トゥ ザ
Could you tell me how to get to the
ポリニージャン ディナー ショウ
Polynesian Dinner Show?

ギフト ショップ		レストラン	
gift shop	ギフトショップ	restaurant	レストラン
ハワイアン セクション			
Hawaiian section	ハワイの展示		

ここをまっすぐ行けば左側にありますよ。
ゴー ストレイト ヒア アンド
Go straight here and
ユール シー イット オン ユア レフト
you'll see it on your left.

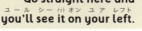

ショーは撮影していいですか?
キャナイ テイク ピクチャーズ デュアリン ザ ショウ
Can I take pictures during the show?

できますが、フラッシュは使わないでください。
イエス ユー キャン テイク ピクチャーズ バット ノー フラッシュ プリーズ
Yes, you can take pictures, but no flash, please.

次のショーは何時に
始まりますか?
ワッ タイム ダズ
What time does
ザ ネクス ショウ スタート
the next show start?

午後3時からですよ。
イットスターツ アット スリー ピーエム
It starts at 3:00 pm.

古代ハワイから現在の
ハワイまでの歴史を
フラや歌で見せる
ショーは必見。

PLAY / 基本 / ビーチアクティビティ / オプショナルツアー / カルチャーレッスン / ゴルフ / テーマパーク / 博物館＆美術館 / 夜のイベント

 ショーやアトラクションは英語で行われるが、わかりやすい英語なので安心して。

45

Museums and Art Museums Simulation
博物館＆美術館
完全シミュレーション

What is 『博物館＆美術館』

学術的、芸術的に価値のある展示が観られるのが博物館と美術館。ハワイで有名な美術館といえばホノルル美術館。ハワイ最大の規模を誇り、世界の名画が観られる。博物館ではビショップ・ミュージアムが知られ、ポリネシアの歴史や文化を詳しく知ることができる。

入場

大人2枚お願いします。
トゥー アダルツ プリーズ
Two adults, please.

学生割引はありますか？
アー ゼア エニイ ディスカウンツ フォー スチューデンツ
Are there any discounts for students?

ツーリスツ	グループス
tourists 旅行者	groups 団体

シニア シティズンズ
senior citizens シニア

日本語のガイドツアーはありますか？
ドゥ ユー ハヴァ ツアー ウィズ ア ジャパニーズ スピーキン ガイド
Do you have a tour with a Japanese-speaking guide?

ええ、毎日午後2時からやっています。
イエス イットスターツ アット トゥー ピーエム エヴリイ デイ
Yes, it starts at 2:00 pm every day.

無料パンフレットはありますか？
ドゥ ユー ハヴァ フリー ブロウシュア
Do you have a free brochure?

日本語のパンフレットはありますか？
ドゥ ユー ハヴ ザ ブロウシュア イン ジャパニーズ
Do you have the brochure in Japanese?

観覧

○○○の展示はどこですか？
ウェア イズ ザ ○○○ ギャラリー
Where is the ○○○ gallery?

ここで写真を撮ってもいいですか？
イズ イット オーケイ トゥ テイク ピクチャーズ ヒア
Is it okay to take pictures here?

動画を撮ってもいいですか？
キャナイ テイク ア ヴィディオ
Can I take a video?

はい、撮ってもいいです。
イエス ユー キャン
Yes, you can.

いいえ、写真も動画も一切禁止です。
ノー ユー キャント テイク エニィ ピクチャーズ ノア ヴィディオズ
No, you can't take any pictures nor videos.

撮影はできますが、フラッシュは使わないでくださいね。
イエス イッツ オーケイ バット プリーズ ドン ユーズ フラッシュ
Yes, it's okay but please don't use flash.

写真は撮影できますが、動画は禁止です。
ユー キャン テイク ピクチャーズ バット ノー ヴィディオズ プリーズ
You can take pictures but no videos, please.

今日は何時に閉館しますか？
ワッ タイム ドゥ ユー クロウズ トゥデイ
What time do you close today?

ミュージアムショップは何時までやっていますか？
ハウ レイト イズ ザ ミュージアム ショップ オウプン
How late is the museum shop open?

最終の入館時間は何時ですか？
ワッ タイム イズ ザ ラスト アドミッション
What time is the last admission?

英語や日本語での館内ツアーを催している施設もあるので、参加するのもいいだろう。

カメハメハ王大解剖

読めば快晴 ハレ旅 Study

Profile
生年：1758年（諸説あり）
出生地：ハワイ島、ノースコハラのココイキ
ハワイ王朝在位：1810年～1819年
没年：1819年（5月8日）

西洋の戦略で
ハワイを統一した王国の祖

　ハワイ島の首長一族の家に生まれたカメハメハは、新政権の軍事リーダーとなる。1778年ごろ、英国の探検家キャプテン・クックがヨーロッパ人として初めてハワイに到来。叔父のカラニオプウ王とともにクックの帆船を訪れたカメハメハは、世界の最新事情や西洋の強力な武器などに大いに興味をもったという。

　1782年に伯父王が亡くなると、その長男ケオウアとの争いに勝利したカメハメハがハワイ島王の地位を奪取。1790年に2人のアメリカ人を軍事顧問に迎え、大砲など多くの西洋式武器を備えるなどして確実に他島にも勢力を広げていく。1795年にはハワイ王国の建国を宣言して初代王カメハメハ一世となり、1810年についに史上初めてハワイ全島の統一を成し遂げた。

右手
高く掲げられている右手も、アウグストゥスの像にならって採用されたものだが、同時にアロハスピリットを表現しているとも言われる。なお、カメハメハ大王像は、キャプテン・クックの到来100周年を記念する目的で1878年に製作が決定し、1883年に設置された。

像
現在オアフ島のアリイオラニ・ハレ（ハワイ州最高裁判所）前に立っているブロンズ像は、実は二代目。初代は運搬途中に船が難破して失われたとして、急いで二代目が作られた。ところがその後初代が発見され、カメハメハ一世生誕の地から近いハワイ島ノースコハラのカパアウに設置された。そのほか、ハワイ島のヒロにもある。また、ワシントンD.C.にある、合衆国議会議事堂にあるホールにもカメハメハ像が寄贈されている。
※ハワイに3体、本土に1体ある。

カメハメハ一世
のお墓はどこに？

60歳過ぎまで生きたカメハメハ一世は、ハワイ島のカイルアで息を引き取り、遺骨は近親者の手によってコハラ・コーストの秘密の場所に埋葬された。偉大なる王の骨には強大なマナ（パワー）が宿っているため、誰にも盗まれないようにしたのだとか。

顔

カメハメハ一世の容姿の記録はほとんどなく、本人の顔ではない。ロシアの画家が描いた晩年の肖像画のコピーや、宮廷に仕える美形ハワイ人男性の写真なども送られたらしいが、どちらにしろ作者の彫刻家トマス・グールドは、それらを無視してヨーロッパ人的な顔立ちに作り上げた。

カメハメハ一世の肖像画。銅像とどこが違う!?

マヒオレ（帽子）

ハワイの貴重な鳥の羽根で作られた美しいマヒオレ（ヘルメットの意）は、王族の権威を誇示するために作られた正装の一部。カメハメハ一世の実物のマヒオレは、現在ビショップ・ミュージアムに収蔵されている。

カエイ（帯）

15世紀にハワイ島の首長リロアのために作られた、"リロアの聖なるカエイ"を身にまとった姿が採用されている。カエイもマヒオレ同様、ハワイの貴重で色鮮やかな鳥の羽根を用いて作られていた。これも実物はビショップ・ミュージアムに収蔵。

槍

マヒオレ（帽子）やアフウラ（ケープ）を身につけ、槍を持った写真を資料として送ったのだが、ローマ帝国の初代皇帝アウグストゥスの像にならい、カメハメハ一世は右利きだったにもかかわらず、左手に槍を持たせた像が作られたのだとか。

アフウラ（ケープ）

今は絶滅してしまったマモという鳥の黄金の羽根を約45万枚も使って作られたカメハメハ一世のアフウラは、彫像になっても圧倒的な存在感を放つ。実物はビショップ・ミュージアムで、最も重要な展示品のひとつとして人気を集めている。

この銅像は、6月11日のカメハメハデイなど祝日はたくさんのレイで飾られる。

PLAY / 基本 / ビーチアクティビティ / オプショナルツアー / カルチャーレッスン / ゴルフ / テーマパーク / 博物館＆美術館 / 夜のイベント

Night Event Simulation
夜のイベント
完全シミュレーション

『夜のイベント』

夜になるとホテルや劇場で、フラのステージや、アメリカ本土からやってきた最新のエンタテインメントやコンサート、ハワイの伝統が盛り込まれたルアウ・ショーなど、さまざまなイベントが行われる。無料でふらっと観られるものから、有料で事前予約が必要な場合もある。

❀ライブ❀

予約

今夜のショーは誰が出ますか？
フーズ パフォーミン ジス イヴニン
Who's performing this evening?

ホオケナです。
ホオケナ イズ
Ho'okena is.

ハーモニーとウクレレ演奏に定評あるグループ。

ショーは何時からはじまりますか？
ワッタイム ダズ ザ ショウ スタート
What time does the show start?

午後8時と午後10時です。
エイト ピーエム アンド テン ピーエム
8:00 pm and 10:00 pm.

午後8時のショーを予約したいのですが。
アイドライクトゥ メイク ア リザヴェイション
I'd like to make a reservation
フォー ザ エイトピーエム ショウ
for the 8:00 pm show.

ステージに近い席をお願いできますか？
キャン ウィ ハヴァ テイブル ニア ザ ステイジ
Can we have a table near the stage?

インザミドル		インザフロント	
in the middle	中央の	in the front	前方の
インザバック			
in the back	後方の		

予約

わかりました。何名様ですか?
シュア フォー ハウ メニイ ピープル
Sure. For how many people?

2人でお願いします。
フォー トゥー プリーズ
For two, please.

料金はいくらになりますか?
ハウ マッチ ウィルイットビー
How much will it be?

カバーチャージが1人$○で、
ほかに1ドリンクの注文をお願いします。
イットル ビー ○ダラーズ パー パーソン フォー ザ カヴァ チャージ
It'll be $○ per person for the cover charge
アンド ユー ハフ トゥ オーダー アットリースト ワン ドリンク
and you have to order at least one drink.

ドレスコードはありますか?
ドゥ ユー ハヴァ ドレス コウド
Do you have a dress code?

スマートカジュアルでお願いします。
イッツ スマート カジュアル
It's smart casual.

裸足と短パンはお断りしています。
ノー ベア フィートオアショート パンツ アラウド
No bare feet or short pants allowed.

🌺 ショー 🌺

予約

今夜のショーを見たいのですが。
アイド ライク トゥ シー トゥナイツ ショウ
I'd like to see tonight's show.

夜のイベント P.52

指定席と自由席がありますが、どちらにしますか?
ウィ ハヴ リザーヴド シーツ アンド アンリザーヴド シーツ
We have reserved seats and unreserved seats.
ウィッチ ウッジュー プリファー
Which would you prefer?

指定席でお願いします。
アイド ライク リザーヴド シーツ プリーズ
I'd like reserved seats, please.

ドリンク付き(with drink)、ディナー付き(with dinner)など、さまざまなチケットがある。

ショーを観たいです。
アイド ライク トゥ
I'd like to
シー ザ ショウ
see the show.

お楽しみはこれから！
夜のイベント・ナイトスポット
Catalog

ビーチや街で遊んだあとはロマンチックな夜を。夜景にルアウ、フラショーとハワイならではの夜を演出するプログラムがいっぱいだ。

エンタテインメント
Entertainment

ルアウ
ルアウ
Luau
ルアウとはハワイ語で宴のこと。伝統的なハワイ料理を食べながら、ポリネシアのダンスを観るショーが人気。

フラダンス
フラ ショウ
Hula Show
バンドの演奏とエレガントなフラは、ホテルやレストラン、バー、ライブハウスなどで観ることができる。

夜のイベントを楽しむには

① 予約を入れる
多くのイベントは事前予約が必要。見逃さないためにも早めにチェックして予約を入れておきたい。

② ツアーを利用
タンタラスの丘など野外の夜景スポットを訪れる際は、治安を考えてツアーに参加するのがおすすめ。

③ 服装に注意
夜は涼しくなることもあるので、特に女性はカーディガンやストールなどを1枚、持っていくといい。

トリビュートショー
Tribute Show

ワイキキの劇場ではアメリカ本土からやってきた最新のショーも上演されている。話題作をぜひチェック。

花火
Fireworks

毎週金曜日、ヒルトン・ハワイアン・ビレッジ・ワイキキ・ビーチ・リゾートでは夜空を彩る花火が打ち上げられる。

夜景
Night View

遊覧飛行
Helicopter

ヘリコプターに乗って上空から煌めくワイキキの夜景を眺める。眼下に広がる大パノラマを堪能。

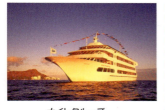

ナイトクルーズ
Night Cruise

ワイキキの夜景を海から眺める。豪華なディナーや、ポリネシアンのショーが付いたコースもあり。

タンタラスの丘
Tantalus

ホノルルの北側にある丘で、頂上の展望台からはダウンタウンやワイキキの美しい夜景が見渡せる。

ディナーのあとにタンタラスの夜景を見に行くというツアーもある。

ハレ's advice — ハワイ語は12文字しか使わない

伝統あるジュエリーショップは今もハワイ語で使用するアルファベットしか使わない。そのためchはkに、yは使わない。A・E・I・O・U（ア・エ・イ・オ・ウ）母音5文字とH・K・L・M・N・P・W（ヘ・ケ・ラ・ム・ヌ・ピ・ヴェ）子音7文字の合わせてたった12文字だけなんだって。

よく耳にするハワイ語

	英語	ハワイ語
「ようこそ」	Welcome.	E komo mai（エ・コモ・マイ）.
「こんにちは」	Hello.	Aloha（アロハ）.
「ありがとう」	Thank you.	Mahalo（マハロ）.
「メリー・クリスマス」	Merry Christmas.	Mele kalikimaka（メレ・カリキマカ）.
「ハッピー・ニューイヤー」	Happy New Year.	Hauoli makahiki hou（ハウオリ・マカヒキ・ホウ）.
「誕生日おめでとう」	Happy Birthday.	Hauoli la hanau（ハウオリ・ラー・ハーナウ）.
「家族」	family	Ohana（オハナ）.
「私は日本人です」	I am Japanese.	He Kepani au（ヘ・ケパニ・アウ）.

ハレ旅会話

ハワイ
英語

SHOPPING

- P.58 ショッピングセンター
- P.62 ファッションブティック
- P.66 ブランドショップ
- P.68 免税店
- P.72 ハワイアンジュエリー
- P.76 ハワイアンアイテム
- P.80 水着＆ビーチ小物
- P.84 スーパーマーケット
- P.88 ファーマーズマーケット

基本フレーズ

店のスタッフとしっかりコミュニケーションして、満足度の高いショッピングを。

入店に関するフレーズ

見ているだけです。
アイム ジャスト ルッキン
I'm just looking.

Tシャツを探しています。
アイム ルッキン フォー ティーシャーツ
I'm looking for T-shirts.

試着に関するフレーズ

手に取ってもいいですか?
キャナイ ルック アット ジス
Can I look at this?

試着していいですか?
キャナイ トライ イット オン
Can I try it on?

購入に関するフレーズ

ほかの色(柄)はありますか?
ドゥ ユー ハヴ ジス イン ア ディファレン
Do you have this in a different
カラー (デザイン)
color (design)?

手入れはどうすればいいのでしょうか?
ハウ ドゥアイ テイク ケア オブ ジス
How do I take care of this?

もう少し小さい(大きい)サイズはありますか?
ドゥ ユー ハヴ エニシン スモーラー (ラージャー)
Do you have anything smaller (larger)?

取り寄せていただけますか?
クッジュー オーダー ジス アイテム フォー ミー
Could you order this item for me?

新しいものはありますか?
ドゥ ユー ハヴ エニイ ニュー プロダクツ
Do you have any new products?

店で一番人気なのはどれですか?
ワッ イズ ザ モウスト ポピュラー アイテム イン ユア ストア
What is the most popular item in your store?

会計に関するフレーズ

カードは使えますか?
キャナイ ペイ ウィズ マイ クレディット カード
Can I pay with my credit card?

プレゼント用に包装してもらえますか?
クッジュー ラップ イット アズ ア ギフト
Could you wrap it as a gift?

小分け用のバッグをもうひとつもらえますか?
キャナイ ハヴ アナザー スモール バッグ
Can I have another small bag?

日本とアメリカではサイズ表記が異なる。長さはインチ表示で1inchは約2.54cm。

Shopping Center Simulation

ショッピングセンター
完全シミュレーション

『ショッピングセンター』

多くのショップ、レストラン、カフェが集まった複合施設のこと。アラモアナセンターやワイケレ・プレミアム・アウトレットをはじめ、ハワイには数々のショッピングセンターがある。規模が大きいので迷子になったときのために友人と集合場所を決めておくのがおすすめ。

インフォメーションデスク

いらっしゃいませ。○○センターへようこそ。
ヘロウ　ウェルカム　トゥ　○○　センター
Hello. Welcome to ○○ center.

ここの日本語の地図はありますか?
ドゥ　ユー　ハヴァ　マップ　オブ
Do you have a map of
ザ　ショッピング　センター　イン　ジャパニーズ
the shopping center in Japanese?

ショッピングセンター P.60

はい。あります。
イエス　ウィ　ハヴ　ワン
Yes. We have one.

○○○はどこでしょうか?
ウェア　イズ　ザ　○○○
Where is the ○○○?

2階の山(海)側になります。
イッツ　オン　ザ　セカンド　フロア　オン　ザ
It's on the 2nd floor, on the
マウンテン　(オーシャン)　サイド
mountain (ocean) side.

ハワイ語では山側(mauka マウカ)、海側(makai マカイ)で位置を示すことが多い。

銀行を聞く

銀行はありますか?
イズ　ゼア　ア　バンク
Is there a bank?

銀行はありません。どういったご用件ですか?
ウィ　ドン　ハヴァ　バンク　ワッ　ドゥ　ユー　ニード
We don't have a bank. What do you need?

銀行を聞く

お金をおろしたいのです。
アイド ライク トゥ ウィズドロー サム キャッシュ
I'd like to withdraw some cash.

2階にATMがありますよ。
ウィ ハヴ エイティーエム マシーンズ オン ザ セカンド フロア
We have ATM machines on the 2nd floor.

希望の場所を聞く

カフェがどこにあるかご存じですか?
ドゥ ユー ノウ ウェア ザ カフェイズ
Do you know where the cafe is?

レストラン
restaurant レストラン

フード コート
food court フードコート

ドラッグ ストア
drug store 薬局

シュー ストア
shoe store 靴店

ええ。下の階にありますよ。
シュア イッツ ダウンステアーズ
Sure. It's downstairs.

ここから一番近いトイレはどこですか?
ウェア イズ ザ ニアレスト レストルーム フロム ヒア
Where is the nearest restroom from here?

ここをまっすぐ行って、
突き当たりを右に曲がってください。
ゴー ストレイト トゥ ジ エンド アンド ターン ライト
Go straight to the end and turn right.

おむつ替えの台はありますか?
イズ ゼア ア ダイアパー チェインジン テイブル
Is there a diaper-changing table?

はっきりしませんが、
あったと思います。
アイムノット シュア
I'm not sure,
バット ゼア シュド ビー
but there should be.

アラモアナセンターは1959年にオープン。60年以上の歴史があるのだ。

> ギフトショップはどこですか?
> Where is a
> gift shop?
> ウェア イズ ア
> ギフト ショップ

カジュアルもブランドもおまかせ
ショッピングセンター
Catalog

ハワイでの買い物はまずショッピングセンターをチェック。
「ヘロウ」とあいさつをして、いろんなショップを回ってみよう。

`ワイキキ`

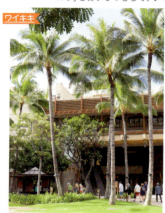

ロイヤル・ハワイアン・センター
ロイヤル　ハワイアン　センター
Royal Hawaiian Center
ワイキキの中心地に立つランドマーク的ショッピングセンター。110以上のショップやレストランが入っている。
☎808-922-2299

`アラモアナ`

アラモアナセンター
アラ　モアナ　センター
Ala Moana Center
約300の多彩なショップやデパートが入った、ハワイ最大規模のフロア面積を持つショッピングの殿堂。
☎808-955-9517

ワイキキ

ワイキキ・ビーチ・ウォーク
ワ イ キ キ ビ ー チ ウ ォ ー ク
Waikiki Beach Walk

ルワーズ通りに沿って約50のショップ、レストランが並ぶ。フラのショーなどが行われるステージもある。
☎808-931-3591

ワイキキ

ワイキキ・ショッピング・プラザ
ワ イ キ キ シ ョ ッ ピ ン グ プ ラ ザ
Waikiki Shopping Plaza

ショップやレストランが入った複合ビル。コスメや、ハワイならではのおみやげもリーズナブルに手に入る。
☎808-923-1191

ワイキキ

プアレイラニ・アトリウム・ショップス
プ ア レ イ ラ ニ ア ト リ ウ ム シ ョ ッ プ ス
Pualeilani Atrium Shops

ハイアット・リージェンシーの中にある。おみやげ品からラグジュアリーブランドまで60店舗以上が揃っている。
☎808-923-1234

ワード&カカアコ

ワードビレッジ・ショップス
ワ ー ド ビ レ ッ ジ シ ョ ッ プ ス
Ward Village Shops

生活雑貨が充実しロコからも人気。ブランドや日用品がリーズナブルに手に入るディスカウントストアが充実。
☎808-591-8411

カハラ

カハラモール
カ ハ ラ モ ー ル
Kahala Mall

高級住宅地のカハラにあるモール。オーガニック食品を取り扱うスーパーや、質のいい日用品に出合える。
☎808-732-7736

ワイケレ

ワイケレ・プレミアム・アウトレット
ワ イ ケ レ プ レ ミ ア ム ア ウ ト レ ッ ツ
Waikele Premium Outlets

ワイキキから車で30分の郊外にあるアウトレットモール。2015年4月にリニューアル。ショップは40以上。
☎808-676-5656

何も買わなくても、店を出るときは「Thank you.(サンキュー)」のあいさつをお忘れなく。

Fashion Boutique Simulation

ファッションブティック
完全シミュレーション

『ファッションブティック』

ハワイ在住デザイナーによるウエアは最近注目のアイテム。南国風のリゾートウエアはぜひチェックしたいものだ。そのほかにもお洒落なセレクトショップも数多い。ハワイならではのTシャツはもちろん、リゾートと都会のセンスがミックスしたハワイならではの店にも注目だ。

入店

いらっしゃいませ。何かお探しですか?
ハイ キャナイ ヘルプ ユー
Hi. Can I help you?

店に入ったらまず「Hello.」とあいさつを。

 見ているだけです。ありがとう。
アイム ジャスト ルッキン サンキュー
I'm just looking. Thank you.

ご用の時は声をかけてください。
レッ ミー ノウ イフ ユー ハヴ エニイ クエスチョンズ
Let me know if you have any questions.

 Tシャツを探しています。
アイム ルッキン フォー ティーシャーツ
I'm looking for T-shirts.

ファッションアイテム P.64

こちらにどうぞ。
プリーズ カム ジス ウェイ
Please come this way.

試着

 手に取ってもいいですか?
キャナイ ルック アット ジス
Can I look at this?

試着

試着していいですか?
キャナイ トライ イットオン
Can I try it on?

試着室へご案内します。
ザ フィティング ルームズ アー ジス ウェイ
The fitting rooms are this way.

いいえ。試着はできません。
ノー アイム ソーリィ
No. I'm sorry.

よく似合っています。
イット ルックス グッ オン ユー
It looks good on you.

フリーサイズですか?
イズ ジス ワン サイズ
Is this one size?

フリーサイズは和製英語なので通じない。

もう少し小さいサイズはありますか?
ドゥ ユー ハヴ エニシン スモーラー
Do you have anything smaller?

もう少し大きいサイズはありますか?
ドゥ ユー ハヴ
Do you have
エニシン ラージャー
anything larger?

ほかの色はありますか?
ドゥ ユー ハヴ ジス イン
Do you have this in
ア ディファレント カラー
a different color?

水洗いできますか?
イズ ジス マシーン ウォッシャブル
Is this machine washable?

新しいものはありますか?
ドゥ ユー ハヴ ワン ウィッチ
Do you have one which
ハズン ビーン オウプンド
hasn't been opened?

ギフト用に包装してもらいたい場合は「For a gift, please.」のひとことで大丈夫!

これください。
アィル テイク イット
I'll take it.

リゾートウェアをゲットしよう

ファッションアイテム
Catalog

洋服カタログ

アロハシャツ
アロハ シャート
aloha shirt

ムームー
ム ウ ム ウ
muumuu

Tシャツ
ティーシャート
T-shirt

シャツ
シャート
shirt

スカート
スカート
skirt

サンドレス
サン ドレス
sun dress

パンツ
パンツ
pants

ジーンズ
ジーンズ
jeans

ロンパース
ロンパー
romper

パーカ
フーディ
hoodie

ブラウス
ブラウス
blouse

靴カタログ

靴
シューズ
shoes

ビーチサンダル
スリッパーズ
slippers

Aloha!
May I help you?

サンダル
サンダルズ
sandals

ブーツ
ブーツ
boots

パンプス
パンプス
pumps

小物、アクセサリーカタログ

トートバッグ
トゥト バッグ
tote bag

クラッチバッグ
クラッチ バッグ
clutch bag

ポーチ
パウチ
pouch

帽子
ハット
hat

帽子
キャップ
cap

ブレスレット
ブレイスレット
bracelet

ピアス
イアリングズ
earrings

素材に関するワード — material

| 綿 カトゥン cotton | 絹 シルク silk | 麻 リネン linen | ナイロン ナイロン nylon | 牛革 レザー leather |
| ポリエステル ポリエステル polyester | | ニット ニット knit | | カシミア キャシミア cashmere |

柄に関するワード — pattern

花柄 フラワード flowered　無地 サリッド solid

ストライプ ストライプ striped　ノースリーブ スリーブレス sleeveless　長袖 ロング スリーヴド long-sleeved

チェック チェック checked　ハワイアン ハワイアン プリント Hawaiian print　半袖 ショート スリーヴド short-sleeved

「2 For $10（2つで$10）」「Buy 3 Get 1 Free（3つ買うともう1つ無料）」などのポップをチェック！

Brand Shop Simulation
ブランドショップ
完全シミュレーション

『ブランドショップ』

世界中のラグジュアリーブランドが揃ったハワイはまさにショッピング天国。なかでもコーチやトリーバーチなどのアメリカ発のブランドは、日本よりも安く手に入るのがうれしい。日本未発売や日本では売り切れてしまったアイテムが見つかる可能性もある。

入店

いらっしゃいませ。何かお探しですか?
ヘロウ ハウ メイ アィ ヘルプ ユー
Hello. How may I help you?

バッグを探しています。
アィム ルッキン フォー ア バッグ
I'm looking for a bag.

サム シューズ	ア ワレット
some shoes 靴	a wallet 財布
ア キー チェイン	ア ウォッチ
a key chain キーホルダー	a watch 腕時計

わかりました。ご案内しましょう。
オーケイ レッ ミー ショウ ユー
Okay. Let me show you.

見る

あの青いバッグを見せてください。
アィドライク トゥ テイク ア ルック アット ザット ブルー バッグ
I'd like to take a look at that blue bag.

どうぞ、こちらです。
ヒア ユー ゴー
Here you go.

ほかに何色がありますか?
ワッ アザー カラーズ ドゥ ユー ハヴ
What other colors do you have?

見る

アメリカ限定やハワイ限定のデザインや色は要チェック。

黒とグレーと、赤があります。
ブラック　グレイ　アンド　レッド
Black, gray, and red.

赤はハワイ店のみ取り扱っている限定色です。
レッド イズ ジ イクスクルーシヴ カラー イン ハワイ
Red is the exclusive color in Hawaii.

サイズはこれだけですか？
イズ イット オンリイ　ワン　サイズ
Is it only one size?

もう少し小さいサイズもあります。
ウィ　ハヴァ　スモーラー　サイズ
We have a smaller size.

取り置き

取り置きにしていただくことはできますか？
キャンニュー　ホウルド　ジス　フォー ミー
Can you hold this for me?

はい、できます。
イエス　ウィ　キャン
Yes, we can.

明日まで考えていいですか？
キャナイ　スリープ　オニット
Can I sleep on it?

承知しました。ではお名前を教えてくださいますか？
オーケイ　キャナイ　ハヴ　ユア　ネイム　プリーズ
Okay. Can I have your name please?

買う

これをいただきます。
アィル　テイク　イット　プリーズ
I'll take it, please.

お支払いはどうなさいますか？
ハウ　ウッジュー　ライク トゥ　ペイ
How would you like to pay?

クレジットカードでお願いします。
クレジット　カード　プリーズ
Credit card, please.

ハワイのブランドショップは日本に比べ気軽に立ち寄れる雰囲気。でも水着やビーチサンダルでの入店はNG。

Duty Free Simulation

免税店
完全シミュレーション

 『免税店』

海外からの旅行者に対し税金を免除して販売する店のこと。ワイキキにはTギャラリア ハワイ by DFSがある。ブランドショッピングが楽しめるほか、チョコレートやコナコーヒーなどのグルメみやげも豊富。免税品の購入には最初にパスポートと航空券の提示が必要。

 入店

こんにちは! いらっしゃいませ。
アロハ!
Aloha!
ハウ キャナイ ヘルプ ユー
How can I help you?

アロハ!
アロハ
Aloha!

パスポートと航空券(eチケットのコピー、スマホの保存画面でOK)を提示。

 免税フロアで

この お酒 を2本もらえますか?
キャナイ ハヴ トゥー オブ ジス リカー プリーズ
Can I have two of this liquor please?

| トゥバコ tobacco タバコ | パフューム perfume 香水 |
| ウォッチ watch 腕時計 | バッグ bag バッグ |

2本で$○になります。
フォー トゥー イット コスツ ○ダラーズ
For 2, it costs $○.

お支払いは日本円とUSドルのどちらになさいますか?
ウッジュー ライク トゥ ペイ イン
Would you like to pay in
ジャパニーズ イェン オア
Japanese yen or
ユーエス ダラーズ
U.S. dollars?

会計

両替レートはいくらですか？
ワッ イズ ザ イクスチェンジ レイト
What is the exchange rate?

1ドルは120円になります。
イッツ ワン ハンドレッド トゥエンティ イェン トゥ ザ ダラー
It's 120 yen to the dollar.

では、日本円でお願いします。
アィル ペイ イン ジャパニーズ イェン プリーズ
I'll pay in Japanese yen, please.

免税店で現金で支払う場合は日本円とUSドルのどちらでも可能。

こちらが領収書です。
ジス イズ ユア レシート
This is your receipt.

受け取りは空港でお願いします。
プリーズ ピックアップ ユア
Please pick up your
アイテムズ アット ジ エアポート
items at the airport.

この用紙を見せて搭乗ゲートでお受け取りください。
ショウ ジス レシート アンド ピックアップ
Show this receipt, and pick up
ユア アイテムズ アット ザ ボーディン ゲイト
your items at the boarding gate.

免税品は帰りの搭乗ゲートで受け取る。

免税範囲表
免税には範囲がある。超えると課税されるので注意しよう。

日本→ハワイ　入国・免税範囲
酒やタバコの持ち込みは21歳〜。食品も持ち込み不可のものがあるので注意。

酒	約1ℓまで
香水	2オンス（約57g）
タバコ	紙巻きタバコ200本、葉巻50本、その他のタバコは20gまで
通貨	US$1万以上は要申告

ハワイ→日本　帰国・免税範囲
免税範囲を超えると、帰国時に関税を納めなければならない。

酒	3本（1本760cc程度）
香水	2オンス（約57g）
タバコ	紙巻きタバコ200本、葉巻50本、その他のタバコは250gまで
通貨	合計20万円まで

ホノルル空港にも免税店がある。搭乗までの時間に立ち寄ってみよう。免税品は搭乗ゲートで受け取る。

ハワイのルール

読めば快晴 ハレ旅 Study

ルールやマナーは旅の基本と考えよう

忙しい日常から離れてゆったり気分のバカンス！でもリラックスしすぎてマナーやルールを忘れないようにご注意を。ハワイにはアメリカならではの法律と、自然や景観を守るためのハワイ州特有の決まりがあるので、事前に覚えておいて気を付けよう。さもないとせっかくディナーを楽しみにしていたのにレスト

ルールその1 ｜ レストランで ｜

レストランはドレスコードを守って

レストランではドレスコードが設けられていることがあるので、予約時などにチェックを。とくにリゾート・ホテル内のレストランやファインダイニングはキャミソールやビーチサンダルでは入店できない。比較的にカジュアルなレストランでも水着姿はマナー違反。

レストランの冷房がきついこともあるので女性はワンピースなどの上に羽織るようなものを持っていくといい。男性は襟付きのシャツとチノパンがあるとベター。またサンダル以外の靴を。

ルールその2 ｜ お店・飲食店で ｜

アルコールの年齢制限に注意

日本と異なり21歳未満がアルコール禁止なのでお間違いなく。ハワイは日本よりもアルコールに関する決まり事が厳しく、購入する際にはID(パスポートなど)の提示が求められることがある。また深夜0時以降は購入できない。

とくに日本人は年齢より若く見られるので買う際はパスポートの携帯を

ルールその3 ｜ どこでも ｜

喫煙場所は守る

ハワイでは公共の場所で喫煙はできない。ホテルの部屋やレストラン、交通機関はもちろん、建物の開口部から約6m以内も喫煙禁止。ホテルのラナイ(ベランダ)でも吸ってはいけない。灰皿がある所定の場所で喫煙を。

ランに入店できなかったり、優雅な気分でいたのにホテルから注意を受けちゃうことも。さらに警察に見つかって罰金を取られる旅行者もいる！ せっかくの旅行が台無しになってしまわないように、観光客に関係ありそうなマナーやルールはこのページでチェック。ほかにも忘れてはいけないのがJウォーク禁止のルールだ。Jウォークとは横断歩道以外のところで道を渡る行為のことで、違反に対しては意外に厳しく、見つかると罰金を取られるのでお忘れなく。しっかりマナーやルールを守って、思いっきりハワイを楽しもう！

ルールその4 ｜ ホテルで
水着をベランダに干すのはNG

ホテルのラナイ（ベランダ）の手すりや椅子に、洗濯した水着を干すのはNG。タオルや衣類もダメ。ワイキキでは景観を守るため、人目に付く場所に洗濯物を干すことは禁じられているのだ。干したい場合はバスルームに備え付けられた専用の洗濯用の紐を利用しよう。

ルールその5 ｜ 海・ビーチで
ウミガメに触るのは厳禁

ウミガメは神聖な生き物とされている。ダイビング中やビーチにいるときなどにその姿を見ることがあるが、触ったりエサを与えることは法律で禁止されている。違反すると高額の罰金を払わなくてはいけないことも。

ウミガメに遭遇しても近づかず静かに眺めよう

ルールその6 ｜ ビーチで
ビーチではアルコール禁止

ハワイではビーチや路上などの公共の場で飲酒することは厳しく取り締まられている。ついハワイの開放的な雰囲気につられ、ビーチで乾杯などはしないように。酩酊した状態で公共の場所に行くことも禁止されている。

12歳以下の子どもを一人にするのはルール違反。出先でトイレに一人で行かせると逮捕や罰金も!!

Hawaiian Jewelry Simulation
ハワイアンジュエリー
完全シミュレーション

『ハワイアンジュエリー』

イギリス訪問中のリリウオカラニ女王が『ホオマナオ・オウ(永遠の思い出)』と彫らせたバングルが、最初のハワイアンジュエリーとされている。プルメリアやハイビスカス、ホヌ、波、マイレの葉など、ハワイらしいモチーフが彫られたハワイアンジュエリーをぜひ。

 入店

バングルを作りたいのですが。
アイド ライク トゥ メイク ア バングル
I'd like to make a bangle.

| リング | ネクレス |
| ring 指輪 | necklace ネックレス |

ブレスレット
bracelet ブレスレット

ジュエリー P.75

 注文

どのようなデザインがご希望ですか?
ワッ カインド オブ ディザイン ウッジュー ライク
What kind of design would you like?

ハワイの花をモチーフにしたものがいいかな〜と思っているんですけど。
アイム シンキン オブ サムシン
I'm thinking of something
ウィズ ワン ノブ ゾウズ ハワイアン フラワーズ
with one of those Hawaiian flowers.

モチーフ P.74

プルメリアやマイレなどが人気です。
プルメリア アンド マイレ アー ヴェリイ ポピュラー
Plumeria and maile are very popular.

このマイレのデザインがとても気に入りました。
アイ リアリィ ライク ジス マイレ ワン
I really like this maile one.

注文

18金と14金のどちらにしますか？
ウッジュー ライク エイティーン キャラット ゴウルド
Would you like 18 karat gold
オア フォーティーン キャラット ゴウルド
or 14 karat gold?

14金にしてください。
フォーティーン プリーズ
14, please.

14金 14 karat gold／
ピンクゴールド pink gold

色はイエロー、ピンク、ホワイト、
グリーンゴールドがあります。
ウィ ハヴ イエロウ ピンク ワイト アンド グリーン ゴウルド
We have yellow, pink, white, and green gold.

ピンクにします。
アイル ゴー ウィズ ピンク
I'll go with pink.

文字は入れますか？
ウッジュー ライク レターズ エングレイヴド オン ザ バングル
Would you like letters engraved on the bangle?

ALOHAと入れてください。
キャンユー エングレイヴ アロハ
Can you engrave "ALOHA"?

内側にも名前やメッセージを入れられます。
ユー キャン エングレイヴ ユア ネイム オア
You can engrave your name or
ア メッシジ オン ジ インサイド
a message on the inside.

名前をお願いします。
アイド ライク マイ ネイム オン ジ インサイド
I'd like my name on the inside.

どれくらいでできますか？
ハウ ロング ダズ イットテイク トゥ エングレイヴ
How long does it take to engrave?

あさって取りに来ていただけますか？
キャンユー カム バック ザ デイ アフター トゥモロウ
Can you come back the day after tomorrow?

わかりました。
オーケイ
Okay.

文字を入れる場合は、ハワイ語で入れるのが一般的だが、ハワイ語にないアルファベットも（→P.54）。

> これください。
> アィル テイク イット
> I'll take it.

知るほどに夢中になる
ハワイアンジュエリー *Catalog*

History 💎 ハワイアンジュエリーの歴史

ヨーロッパが発祥!?
リリウオカラニ女王が王女時代にイギリスを訪れ、イギリス伝統のゴールドジュエリーに出合う。

ハワイで大流行
ハワイに戻った女王が同様のジュエリーをハワイでも作らせると、それが瞬く間に人々の間で広がった。

独自の世界に
ハワイのモチーフを取り入れた独自のハワイアンジュエリーが発展し、世界中の人を魅了するように。

Motif 💎 ハワイアンジュエリーのモチーフ

<u>プルメリア</u>
プルメリア
plumeria

ハワイでは神聖な花とされ、花言葉は親愛、気品、魅力。贈り物にも最適。

<u>ホヌ</u>
ホヌ
honu

ホヌ（海亀）は海の守り神であり、危険や災難から守ってくれるとされる。

<u>フック</u>
フック
hook

魚を釣り上げる＝幸せを引き寄せるということから人気の高いモチーフ。

<u>マイレ</u>
マイレ
maile

平和、縁結び、絆などを示すことから、マイレの葉は結婚式のレイにも使われる。

<u>バレル</u>
バレル
barrel

バレル（樽）の中に詰まった夢を守り熟成させるイメージ。成功の象徴。

<u>パイナップル</u>
パイナップル
pineapple

太陽の恵みを受けたパイナップルは富と財産の象徴。金運アップを願う人に。

ハワイアンジュエリーの種類

ネックレス
ネックレス
necklace

ペンダントトップとチェーンがセットになったものが手軽だ。繊細なデザインがあり、胸元を引き立ててくれる。

ペンダントトップ
ペンダント
pendant

ペンダントトップだけでも豊富な種類がある。チェーンと組み合わせて自分の好みにカスタマイズできるのも魅力。

バングル
バングル
bangle

外枠は調整できないので、自分の腕に合うかきちんとチェックを。ユニセックスなデザインのものも多いので男性にも。

ブレスレット
ブレイスレット
bracelet

細身の気品あるチェーンは女性の腕にマッチ。石やシェル、パワーストーンを使用したデザインも多く人気がある。

ピアス
イアリングズ
earrings

耳たぶに小さな穴をあけて装着するピアスも、ホヌやプルメリアなど、伝統的なモチーフを取り入れたものが多い。

指輪
リング
ring

女性用、男性用共に豊富に取り揃えている。ペアリングも多く用意されているので結婚指輪としても最適。

ペンダントトップなどリーズナブルなアイテムから取り入れてみよう。

Hawaiian Items Simulation

ハワイアンアイテム
完全シミュレーション

『ハワイアンアイテム』

ハワイの伝統工芸品は旅の記念にぜひ手に入れたいもの。デザイン豊富なアロハシャツは現地で着るにも重宝するはず。希少価値の高いコアでできたアイテムは、とっておきのギフトにぴったり。バリエーション豊富なハワイアンキルトはハワイらしいおみやげに。

🌺アロハシャツ🌺

どのようなシャツがいいですか?
ワッ　カインド オブ　アロハ　シャート　ウッジュー　ライク
What kind of Aloha shirt would you like?

伝統的な ヴィンテージ風の柄 がいいです。
アイウォント ア ヴィンテイジ スタイル アロハ シャート
I want a vintage style Aloha shirt.

花や植物をモチーフにしたもの
ア フローラル デザイン
a floral design

海をモチーフにしたもの
アン オウシャン デザイン
an ocean design

動物をモチーフにしたもの
アン アニマル デザイン
an animal design

こちらは伝統柄のレプリカです。
ジス イズ ア レプリカ オブ ア トラディショナル シャート
This is a replica of a traditional shirt.

ヴィンテージシャツは高価なものが多いが、同じデザインのレプリカシャツもある。

素材は何ですか?
ワッ　カインド オブ　マテリアル イズ ジス
What kind of material is this?

カトゥン
cotton 綿

シルク
silk 絹

レーヨン 100%です。
ワンハンドレッド パーセント レイヨン
100 percent rayon.

買う 洗濯はどうしたらいいですか?
How do I wash it?

洗濯機で洗えるので手入れはとても簡単ですよ。
You can wash it in the washing machine.
It's easy to take care of.

アイロンをかける必要もありません。
You don't have to iron it.

🌺コアウッド🌺

置き時計やフォトフレームや文具が人気です。
The table clocks, photo frames, and writing utensils are popular items.

コアはハワイ島原産の貴重な木。

買う では、このフォトフレームをお願いします。
I want this photo frame.

買う プレゼント用に包んでください。
Please wrap it as a gift.

🌺ハワイアンキルト🌺

買う ハワイアンキルトのおみやげを探しています。
I'm looking for a Hawaiian quilt gift.

クッションカバーはいかがですか?
How about a cushion cover?

ハワイの花をモチーフにしたものが人気です。
Hawaiian floral designs are popular.

コアを使ったウクレレ (ukulele) は高価だが、多くのミュージシャンが愛用している。

読めば快晴
ハレ旅 Study
ハワイの伝説

カウアイ島
① ②
オアフ島

各島に残る伝説

❶カウアイ島…メネフネ

人間の約半分の身長で筋骨隆々のメネフネは、カウアイ島の森の奥深くに暮らす伝説の民族で滅多に人前には現れない。手先が器用で働き者でひと晩でヘイアウ(神殿)やフィッシュポンド(養魚池)を作るとか。その"遺跡"が今も各地に残っている。

伝説や神話を信じ大切にしているハワイの人

　ハワイには、昔から数えきれないほど多くの伝説や神話が存在する。ハワイ王朝第7代の王であるカラカウア王が、王族に代々伝わる「クムリポ(創世神話)」を1889年に公開したことや、フラの踊りやチャント(歌)に数々の逸話が盛り込まれていることからもわかるように、ハワイの人々は伝説や神話を心から信じ、とても大切にしている。「KUMULIPO」と刻まれたバングルを身に着けている人もいるほどだ。

　例えばオアフ島の有名な観光地クアロアは、神話によるとペレ(右記参照)の妹の女神ヒイアカがモオ(大トカゲ)を退治した場所。モオの尻尾はモコリイ島(別名チャイナマンズハット)に、胴体は周辺の山になったとされている。また、ハワイには元々虹がなかったが、メネフネ(上記参照)が材料を調達し、友達のカフナ(神官)がそれをかき混ぜて矢につけ雲に放って出来上がったという。このような神話のエピソードを知っておけば、ハワイアンアイテムを探すときのヒントになるはずだ。

れもペレの嫉妬で別れさせられたふたりの姿なのです。ペレが怒るとキラウエア火山が噴火します。そして熔岩はペレのもの。だから記念に持ち帰ろうとする人間には、容赦なく災いが降りかかる、といわれています。

❷オアフ島…ワイキキの魔法の石

ワイキキビーチにあるひっそりと置かれた4つの石。これらは16世紀にタヒチからやって来た4人のカフナ(神官)たちが、強力な癒やしのパワーを注入したものなのだ。ハワイの人はパワースポットとして大切にし、レイなどを捧げている。

❸マウイ島…半神マウイ

女神の母と人間の父の間に生まれ、ハレアカラ山の麓に住んでいた半神マウイ。空を持ち上げ(雲を遠ざけて雨を少なくした)、太陽を捕まえる(昼の長さを長くした)など、数多くの伝説をもつ英雄で、島の名前も彼の名をとったものだ。

❹ラナイ島…神々の庭園

ラナイ島とモロカイ島のカフナが火を長く燃やし続ける競争をして、ラナイ島のカフナはあらゆる植物を燃やし尽くしたそう。その場所は今赤土と風化した岩々が神秘的な景観を見せる「神々の庭園」と呼ばれる観光スポットになっている。

ハレマウマウ火口に住む火の神ペレの物語

昔々、サモアに火の神ペレが住んでいました。あるとき、天の啓示を受けて、安住の地を探す旅に出発。ニイハウ〜カウアイ〜オアフの各島を旅したけれど、なかなかその地は見つかりません。疲れたペレは、オアフ島マカプウ岬の沖合にある大きな石に座ってひと休み。(今、この石は「ペレの椅子」と呼ばれ、見ることができます。)その後、ペレはハワイ島のキラウエア火山にたどり着きました。ペレはここを気に入り、安住の地としました。もちろん、今もずっとこの火山に住んでいます。

ペレはとても美しい女神。でも、性格が激しくて、嫉妬深くて、負けることが大嫌い。美しいカップルを見ると嫉妬して彼らの姿を変えてしまうのです。オヒアの木とレフアの花もペレに姿を変えられたカップル。半円の花びらを持つナウパカという花は、海に咲くものと山に咲くものがあるのですが、実はこ

ハレクラニ前の海は病を治してくれるとの言い伝えもある。

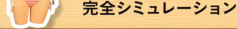

水着＆ビーチ小物
完全シミュレーション

『水着＆ビーチ小物』

一年中ビーチ遊びができるハワイには、かわいい水着やビーチ小物がいっぱい。日本から持っていかなくてもたいていのものは現地で購入できる。とくに水着の種類は豊富で、日本にはなさそうな色や柄も。ビーチマットや日焼け止めなどもスーパーや雑貨店などですぐに購入可能。

👙 水着 👙

 試着

 試着していいですか？
キャナイ トライ イット オン
Can I try it on?

もちろんどうぞ。試着室までご案内しましょう。
シュア アイル ショウ ユー トゥ ザ フィティング ルーム
Sure. I'll show you to the fitting room.

 上はぴったりですが、ボトムが小さいようです。
ザ トップ フィッツ グッド オン ミー
The top fits good on me
バット ザ ボトム シームズ ア リトル トゥー スモール
but the bottom seems a little too small.

上下別々のサイズでも買えますよ。
ユー キャン オールソウ バイ トップス アンド ボトムス
You can also buy tops and bottoms
イン ディファレント サイジズ
in different sizes.

 じゃあ、ワンサイズ上のボトムを試着してみたいです。
アイド ライク トゥ トライ ア ボトム インナ ビガー サイズ ゼン
I'd like to try a bottom in a bigger size, then.

 おそろいの バレオ はありますか？
ドゥ ユー ハヴァ マッチング パレオ
Do you have a matching pareo?

カタログ
P.82

ティーシャート	タンク トップ	スカート
T-shirt Tシャツ	**tank top** タンクトップ	**skirt** スカート

試着

はい、もちろん！
イエス オフ コース
Yes, of course!

👡 サンダル 👡

買う

このサンダルの素材は何ですか？
ワッ アー ジーズ サンダルズ メイド オブ
What are these sandals made of?

革です。ビーチでは履かないでください。
ゼイアー レザー ユー キャント ウェア ゼム オン ザ ビーチ
They're leather. You can't wear them on the beach.

今、履いていきたいのでタグを取ってください。
アイド ライク トゥ ウェア ゼム ナウ
I'd like to wear them now.
プリーズ テイク オフ ザ タグ
Please take off the tag.

👓 サングラス 👓

試着

このサングラスは男女共用ですか？
アー ゼイ フォー ボウス メン アンド ウィメン
Are they for both men and women?

はい、どちらでも使えます。
イエス ゼイ アー
Yes, they are.

ちょっとゆるいようです。調整していただけますか？
ゼイアー ア リトル ビット ルース クッジュー アジャスト ゼム
They're a little bit loose. Could you adjust them?

はい、では、こちらへどうぞ。
シュア カム ジス ウェイ プリーズ
Sure. Come this way, please.

ケースに入れてください。
クッジュー プット ゼム インナ ケイス
Could you put them in a case?

わかりました。
オフ コース
Of course.

ビーチ小物はハワイで調達しよう。一年中新商品が入荷されるのも魅力。

これください。
アイル テイク イット
I'll take it.

ハワイのビーチの主役になろう
かわいいビーチ小物 *Catalog*

日本にはない、かわいくて機能的なアイテムが揃うのがハワイ。
ビーチアイテムは現地調達がベストだ!!

必需品

水着
スイムウェア
swimwear
トップスとボトムを
セットアップで選ぶタイプも。

日焼け止め
サンスクリーン
sunscreen
顔用、体用、スプレー式
のものなど
幅広い種類がある。

ファッション

帽子
ハット
hat
ビーチでもタウンでも
おしゃれに欠かせない。

リゾート・ドレス
リゾート ドレス
resort dress
水着の上からも
着られるものが
1着あるといい。

サングラス
サングラッシィズ
sunglasses
長時間かけても疲れないよう
しっかり試着して選ぼう。

ビーチ・サンダル
フリップ フラップス　ビーチ　サンダルズ
flip-flops / beach sandals
カジュアルからラグジュアリーブランド
まで幅広く揃う。

便利

バッグ
バッグ
bag
小物の持ち運びに
エコバッグや
ビーチバッグを。

Tシャツ
ティーシャツ
T-shirt
タウンユースにも
最適なデザインが
いっぱい。

サンバイザー
サン ヴァイザー
sun visor
ビーチでのんびり
過ごしたいときの
日差し除けに。

浮き輪
フロウト
float
子ども用から大人
用のシンプルなも
のまで種類豊富。

ローション
ロウション
lotion
日差しと潮風で傷んだ
肌にナチュラル系の
やさしいものを。

ヘアゴム
ヘア バンド
hair band
海に入る人には
ウォータープルーフのものがおすすめ。

ゴザ
ゴザ マット
goza mat
ハワイではビーチマット用に
ゴザが売られている。

シュノーケル用具
シュノーケル　フィンズ　ゴーグルズ
snorkel / fins / goggles
シュノーケルに必要な3点セットも
手軽に手に入る。

タオル
タウエル
towel
ホテルで貸してくれる場合も多いが
余分に欲しいときに。

エアマット
エアー マット
air mat
ビーチでのお昼寝や
海にプカプカ浮かぶ際に。

ラッシュガード
ラッシュ ガード
rash guard
日焼けや有害生物などから肌を
保護してくれる上着。

ペットボトルホルダー
ペット ボトル ホウルダー
pet bottle holder
ビーチにペットボトルを
持っていくときに使いたい。

パレオ
パレオ
pareo
水着の上から腰に巻いたり、
敷物代わりにしたり用途自由。

サイズ早見表

レディス服 size

日本	5	7	9	11	13	15	17
ハワイ	2	4	6	8	10	12	14

レディス靴 size

日本	22	22.5	23	23.5	24	24.5	25
ハワイ	5	5.5	6	6.5	7	7.5	8

防水の財布があるとプールやビーチで便利。貴重品はビーチでも肌身離さずが基本。

スーパーマーケット
完全シミュレーション

What is 『スーパーマーケット』

日用品やデリなどを販売するスーパーマーケットではローカル気分が味わえる。お菓子や安いコスメといったおみやげを探すのにもうってつけ。ハワイではフードパントリーなどのスーパーマーケットがホテルからアクセスしやすく、気軽に買い物ができる。

入店

すみません。ハワイのおみやげコーナーはありますか?
イクスキューズ ミー
Excuse me.
ドゥ ユー ハヴァ ハワイアン スーヴェニア セクション
Do you have a Hawaiian souvenir section?

| ステイショナリイ stationery 文具 | キッズ kids 子ども用品 |
| キッチン kitchen キッチン用品 | ドラッグ drug 薬 |

 売場 P.86

あります。左奥にコーナーがあります。
イエス ウィ ドゥ
Yes, we do.
イッツ オン ザ レフト サイド イン ザ バック
It's on the left side in the back.

会計

袋に入れてもらえますか?
クッジュー プット ゼム インナ バッグ プリーズ
Could you put them in a bag, please?

有料ですが、よろしいですか?
ユー ハフ トゥ ペイ フォー イット イズ ザット オール ライ
You have to pay for it. Is that all right?

ハワイではレジ袋は有料。エコバッグを持参しよう。

では、このエコバッグをください。
ゼン アィル テイク ジス リユーザブル バッグ
Then I'll take this reusable bag.

メンバーズカードはお持ちですか?
ドゥ ユー ハヴァ メンバーシップ カード
Do you have a membership card?

はい、あります。
イエス アィ ドゥ
Yes, I do.

ツーリストでも作れるメンバーズカードがあれば対象商品が割引になることも!

クーポンはお持ちですか?
ドゥ ユー ハヴ エニイ キューポンズ
Do you have any coupons
ザット ユー ウッド ライク トゥ ユーズ
that you would like to use?

はい。このクーポンは使えますか?
イエス キャナィ ユーズ ジス キューポン
Yes. Can I use this coupon?

❀スーパーマーケット内のデリ❀

量り売りのデリコーナーがある店では、店内にイートイン用のテーブルが用意されていることも。

注文

このサラダを1ポンドください。
アィド ライク ア パウンド オブ ジス サラダ プリーズ
I'd like a pound of this salad, please.

持ち帰りですか?イートインですか?
フォー ヒア オア トゥ ゴー
For here or to go?

持ち帰ります。
トゥ ゴー プリーズ
To go, please.

ここで食べていきます。
アィル イート イット ヒア
I'll eat it here.

支払いはここでできますか?
キャナィ ペイ ヒア
Can I pay here?

軽い食事にもデリはぴったり。

はい。$○です。
イエス イッツ ○ダラーズ
Yes. It's $○.

デリだけの利用も可能。食事やスナックで利用しよう。

レジでお願いします。
アット ア キャッシャー プリーズ
At a cashier, please.

タウン名が書かれた店限定のエコバッグは実用的でおみやげにもぴったり!

これください。
アイル テイク イット
I'll take it.

広大な売場も自由自在
スーパーマーケットコーナー
Catalog

ほしいものが見つからなくてスーパーマーケットで迷子!?
見つけられなかったらどこの売場にあるか聞いてみよう！

ハワイアンアイテム
ハワイアン アイテムズ
Hawaiian items
グッズからウエアまで、ハワイみやげに
ぴったりのものが揃っている。

ドリンク
ドリンクス
drinks
冷蔵不要の缶やボトルに入った
ドリンク類はかなりのスペースがある。

レディスウエア
レイディズ ウェア
ladies wear
カジュアルなウエアが中心。部屋着
などは現地調達してもいいかも。

野菜、フルーツ
フルーツ アンド ヴェジタブルズ
fruit and vegetables
量り売りなので食べたい分だけ
買えるのが便利。

日用品
デイリイ ユース
daily use
アメリカらしいパッケージの
日用品はおみやげにも最適。

デリ
デリ
deli
手軽に食事が楽しめるデリコーナー。
テイクアウトもできる。

Recommended
スーパーで買いたいバラまきみやげ

<u>パンケーキミックス</u>
パンケイク ミックス
pancake mix
人気のパンケーキを日本の自宅で再現。

<u>リップスティック</u>
リップスティック
lipstick
唇の乾燥に欠かせない。香りも豊富。

<u>マグカップ</u>
マグ
mug
アメリカらしい食器もおみやげに最適。

<u>石けん</u>
ソウプ
soap
南国の香りで、タンスに入れてもGOOD。

<u>コーヒー豆</u>
カフィー ビーンズ
coffee beans
マウイ産やモロカイ産のコーヒー豆も人気。

<u>クッキー</u>
クッキーズ
cookies
ハワイ産やオーガニック素材のクッキーを。

<u>エコバッグ</u>
イーコウ バッグ
eco bag
スーパーのオリジナルロゴ入りがおすすめ。

<u>液体石けん</u>
バディ ウォッシュ
body wash
オーガニックやココナッツの香りなど。

<u>スキットルズ</u>
スキットルズ
Skittles
個別包装されたフルーツ味のキャンディ。

<u>マグネット</u>
マグネット
magnet
ハワイらしいデザインのマグネットが人気。

☀ ハワイのスーパーマーケットは冷房が強い。羽織るものを用意してじっくりショッピングを。

Farmers' Market Simulation
ファーマーズマーケット
完全シミュレーション

What is

『ファーマーズマーケット』

決まった曜日と時間に、広場や駐車場で農家やレストラン、食品工場などが直接消費者に販売をするのがファーマーズマーケット。ハワイではいたるところでファーマーズマーケットが開かれている。チョコレートやハチミツ、ランチプレート、雑貨などが旅行者に人気。

食べる

この果物は何ですか？
ワッ カインド オブ フルーツ イズ ザット
What kind of fruit is that?

リリコイです。
ジス イズ ア リリコイ フルート
This is a Lilikoi fruit.

どうやって食べますか？
ハウ ドゥ アイ イート イット
How do I eat it?

そのままカットしてどうぞ。
甘酸っぱくてとてもおいしいですよ！
ユー ジャスト カット イット アンド イート
You just cut it and eat.
イッツ サワー アンド スウィート アンド ソー デリシャス
It's sour and sweet and so delicious!

試食はできますか？
キャナイ トライ イット
Can I try it?

試食できないところもあるので必ず確認を。

はい、もちろん。
シュア ヒア ユー ゴー
Sure, here you go.

ごめんなさい、できません。
アイムソーリイ バット ユー キャント
I'm sorry, but you can't.

これらは何ですか?
ワッ アー ゾーズ
What are those?

カタログ
P.90

トマトを揚げたものです。
ジーズ アー ディープ フライド トメイトウズ
These are deep fried tomatoes.

ひとつください。
キャナイ ハヴ ワン
Can I have one?

はい。$○○です。
シュア ○○ダラーズ プリーズ
Sure. $○○ please.

この ジャム はどのくらいもちますか?
ハウ ロング ウィル ジス ジャム ラスト
How long will this jam last?

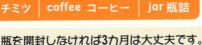

ハニィ	カフィー	ジャー
honey ハチミツ	coffee コーヒー	jar 瓶詰

瓶を開封しなければ3カ月は大丈夫です。
イフ ユー ドン オウプン ザ ジャー
If you don't open the jar,
イット ウィル ラスト フォー スリー マンツ
it will last for three months.

日本に持ち帰れますか?
キャナイ テイク イットゥ ジャパン
Can I take it to Japan?

できますよ。
アィム プリテイ シュア ユー キャン
I'm pretty sure you can.

しっかり梱包してスーツケースに入れてください。
バット ユー ニード トゥ ラップ イット アップ ヴェリイ
But you need to wrap it up very
タイトリイ アンド プットイットイン ユア スーツケイス
tightly and put it in your suitcase.

ジャムやハチミツなどペースト状のものは機内に持ち込みできないので、割れないようにしっかり梱包してスーツケースへ。

袋がない店も多いので、保冷用のエコバッグなどを持参して買い物に行こう。

> これください。
> アィル テイク イット
> I'll take it.

新鮮フルーツやグルメを満喫！
ファーマーズマーケット Catalog

ハワイの大地の恵みを実感できるのがファーマーズマーケット。話題のグルメが楽しめるのも魅力だ。おみやげ探しにも利用できる。

ファーマーズマーケットグルメ

ピザ
ピッツァ
pizza
焼きたての本格的なピザ。素材には地元産のものが使われている。

フローズン・ドリンク
フローズン ドリンク
frozen drink
冷たいドリンクも各種揃っている。写真はスイカのフローズン・ドリンク。

ケーキ
ケイク
cake
パイナップルとココナッツ入りのハワイらしい味のケーキ。

焼きトウモロコシ
フレッシュ ロウスティド コーン
fresh roasted corn
トウモロコシを焼いたもの。リリコイバターなど味付けが選べる。

ジャム
ジャム
jam
パッションフルーツ味など南国らしいテイストのものが多い。

揚げあんドーナツ
マラサダ
malasada
ポルトガルから伝わったおやつ。チョコレートなどが入っている。

主なファーマーズマーケット

Sunday 日曜 8:30-12:00 / カイルア

地域密着型でのんびりした雰囲気。

カイルア・タウン・ファーマーズ・マーケット
カイルア タウン ファーマーズ マーケット
Kailua Town Farmers' Market
こぢんまりとしたマーケットながら地元産の食材やプレートランチが充実している。

Tuesday Thursday 火・木曜 16:00-20:00 / ワイキキ

ワイキキ中心部なので利用価値大。

ワイキキ・ファーマーズ・マーケット
ワイキキ ファーマーズ マーケット
Waikiki Farmers' Market
ハイアット・リージェンシーの中庭で行われている。ハワイらしい雑貨も見つかる。

Wednesday 水曜 16:00-19:00 / アラモアナ

夕方開催なのでおやつや軽食にも。

ホノルル・ファーマーズ・マーケット
ホノルル ファーマーズ マーケット
Honolulu Farmers' Market
ワードのニール・ブレイズデル・センターで開催。こぢんまりとしているが人気店が出店。

Thursday 木曜 14:00-18:00 / ノース・ショア

地元産の野菜やフルーツが並ぶ。

ハレイワ・ファーマーズ・マーケット
ハレイワ タウン ファーマーズ マーケット
Haleiwa Town Farmers' Market
ワイメア渓谷の緑の中でショッピングができる。ローカルフードが人気。

Saturday 土曜 8:00-12:00 / カカアコ

朝一番がもっともにぎやかになる。

カカアコ・ファーマーズ・マーケット
カカアコ ファーマーズ マーケット
Kaka'ako Farmers' Market
ワード・ウェアハウスの駐車場に登場する。日本人が少なくローカルな雰囲気だ。

Saturday 土曜 7:30-11:00 / ワイキキ

行列必至の人気店が数多く出店。

サタデイ・ファーマーズ・マーケット・アット・KCC
サタデイ ファーマーズ マーケット アット ケイシーシー
Saturday Farmers' Market at KCC
ハワイで最大のファーマーズマーケット。オーガニック製品も豊富にある。

週末の午前中に開催されるマーケットは混雑するので、オープンしてすぐ行くのがおすすめ。

ハレ's advice 「ケイキ」は子どものハワイ語

ハワイ語はポリネシアやマレー系の言語に近いといわれているよ。使われるアルファベットも少ないんだ。日本人には耳になじみやすいし、発音も似ているので日本語に聞こえてしまう言葉もたくさんあるよ。ただし、言葉の意味は違うので勘違いしないようにね。

日本語と同音異義語のハワイの言葉

	日本語	ハワイ語
「エミ(emi)」	エミちゃん	「安い」とか「やせている」
「オノ(ono)」	小野君(人名)	「おいしい」。魚の「サワラ」
「カネ(kane)」	お金	「男」とか「夫」
「ハレ(hale)」	晴れ	「家」ハレクラニやハレアカラのハレ
「ナニ(nani)」	何	「美しい」とか「美しさ」
「ハオレ(haole)」	羽織れ	「白人」。アクセントはアタマにある
「ヘマ(hema)」	ヘマをする	「左側」とか「南」
「ホイホイ(hoihoi)」	調子よい感じ	「楽しい」とか「面白い」

ハレ旅会話

ハワイ
英語

EAT

- P.96 レストラン予約
- P.98 ファインダイニング
- P.102 朝食ブッフェ
- P.104 朝食
- P.108 パンケーキ
- P.112 プレートランチ
- P.116 ハンバーガー
- P.120 エスニック
- P.124 ハワイアンフード

基本フレーズ

ハワイの料理は量が多いことも。
シェアや取り皿などは使う頻度大のフレーズ。

`入店に関するフレーズ`

**2人用の席は
ありますか?**
ドゥ ユー ハヴァ テイブル フォ トゥー
Do you have a
table for two?

**窓側の席(奥の席)に
座りたいのですが。**
アイ ウォントゥ シット バイ ザ ウインドウ イン ザ バック
I want to sit by the window
(in the back).

おいしいです。
イット テイスツ グッ
It tastes good.

`食事中に関するフレーズ`

おいしい!
ヤミィ
Yummy!

**コーヒーのおかわり
をお願いできますか?**
キャナイ ハヴァ リフィル オブ マイ カフィー
Can I have a refill
of my coffee?

**持ち帰り用の容器を
もらえますか?**
キャナイ ハヴァ コンテイナー トゥ ゴー
Can I have a container to go?

`会計に関するフレーズ`

**お会計を
お願いします。**
チェック プリーズ
Check, please.

お釣りは$○ください。
キャナイ ハヴ ○ダラーズ チェインジ プリーズ
Can I have $○, change, please?

注文に関するフレーズ

注文をお願いします。
Can I order?
(キャナィ オーダー)

おすすめは何ですか？
What do you recommend?
(ワッ ドゥ ユー リコメンド)

これはどんな料理ですか？
What is this cuisine?
(ワッ イズ ジス クイジーン)

アルコールの入っていないカクテルをお願いできますか？
Can I have a cocktail without alcohol?
(キャナィ ハヴァ カクテイル ウィザウト アルコホール)

これは頼んだ料理ではありません。
This is not what I ordered.
(ジス イズ ノット ワッ ァィ オーダード)

取り皿をいただけますか？
Can I have some extra plates?
(キャナィ ハヴ サム エクストラ プレイツ)

みんなで分けて食べたいのですが。
I want to share it.
(ァィ ウォン トゥ シェア イット)

注文したものがまだこないのですが。
The food that I ordered has not come yet.
(ザ フード ザットァィオーダード ハズ ノット カム ィェット)

持ち帰り用の容器はドギーバッグ（doggy bag）とも。元はペットの犬のために持ち帰るという意味だったから。

レストラン予約
完全シミュレーション

『レストラン予約』

人気レストランとなればあっという間に満席に。入店できずにがっかりすることがないよう、高級店だけでなくカジュアルレストランでも予約を入れるのがベスト。19時以降は要予約のレストランもあるので注意が必要だ。その際、ドレスコードの確認もしたほうがいい。

予約

○○レストランです。いらっしゃいませ。
レストラン ハウ メイアイヘルプ ユー
○○ Restaurant, how may I help you?

予約をお願いします。
アイド ライクトゥ メイク ア リザヴェイション
I'd like to make a reservation.

いつになさいますか?
ウェン ウッジュー ライク イット
When would you like it?

明日の夜7時は空いてますか?
イズ トゥモロウ アット セヴン ピーエム オーケイ
Is tomorrow at 7:00 pm okay?

明日の7時はあいにく満席なのですが、
7時30分ではどうでしょう?
ソーリイ ウィアー フリイ ブックト アット セヴン ピーエム トゥモロウ
Sorry, we're fully booked at 7:00 pm tomorrow.
ハウ アバウト セヴンサーティ
How about 7:30?

7時30分でお願いします。
セヴンサーティ イズ ファイン
7:30 is fine.

何名様ですか?
ハウ メニイ ピープル アー イン ユア パーティ
How many people are in your party?

2名です。
トゥー ピープル
Two people.

お席の希望はありますか？
ウェア ウッジュー ライク トゥシット
Where would you like to sit?

窓際の席でお願いします。
バイ ザ ウインドウ プリーズ
By the window, please.

| In the lanai | 外の席 |
| In the back | 奥の席 |

コース料理にしますか？アラカルトにしますか？
ウッジュー ライク ア コース メニュー オア ア ラ カルト
Would you like a course menu or a la carte?

コースでお願いします。
コース メニュー プリーズ
Course menu, please.

ドレスコードはありますか？
ドゥ ユー ハヴァ ドレス コウド
Do you have a dress code?

男性はジャケット着用でお願いします。
女性はドレスやスカート、あるいはドレッシーなパンツで。
メン マスト ウェア ア ジャケット
Men must wear a jacket.
ウィメン マスト ウェア ア ドレス ア スカート オア ドレス パンツ
Women must wear a dress, a skirt, or dress pants.

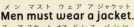

アロハシャツやムームーでも大丈夫です。
アロハ シャーツ アンド ムウムウ アー ウェルカム
Aloha shirts and muumuu are welcome.

ハワイの場合、アロハはフォーマルでも着用可能。長袖のアロハシャツだとよりフォーマルに。スニーカーはNG。女性は肩や肌を極端に露出した服は避けよう。カジュアルな場合でもビーチサンダルは避けるのがマナー。

レンタカーで出かける人は「Can we park here?」と駐車できるかどうか確認しておくといい。

ファインダイニング
完全シミュレーション

What is 『ファインダイニング』

究極のレストランのこと。高級ホテルのメインダイニングのようにインテリア、サービス、食材、味、全てにおいて一流のレストランを指す。とはいえ緊張はせず、料理などについてわからないことがあれば素直に聞いたほうがいい。よいスタッフならば丁寧に答えてくれる。

 入店

こんにちは! いらっしゃいませ。
ヘロウ　ウェルカム　トゥ　○○
Hello! Welcome to ○○.

 こんにちは! 予約した佐藤です。
ハイ アィ ハヴァ リザヴェイション マイ ネイム イズ サトウ
Hi! I have a reservation. My name is Sato.

佐藤様ですね。お待ちしておりました。こちらへどうぞ。
サンキュー　フォー　カミン　ミズ　サトウ　プリーズ　フォロウ　ミー
Thank you for coming, Ms. Sato. Please follow me.

 注文

 ご注文は決まりましたか?
アー　ユー　レディ　トゥ　オーダー
Are you ready to order?

 はい、決まりました。
イエス　ウィアー　レディ
Yes, we're ready.

もう少し時間が必要です。あとで戻ってきてくれますか?
ノー　ウィ　ニード　アナザー　ミニット　トゥ　ディサイド
No, we need another minute to decide.
クッジュー　カム　バック
Could you come back?

飲み物はいかがですか?
ウッジュー　ライク　サムシン　トゥ ドリンク
Would you like something to drink?

注文

アルコールの入っていないカクテルをお願いします。
アイドライクトゥ ハヴァ ヴァージン カクテイル
I'd like to have a virgin cocktail.

メニュー
P.100

おすすめは何ですか?
ワッ ドゥ ユー リコメンド
What do you recommend?

今日のおすすめ料理は何ですか?
ワッ イズ トゥデイズ スペシャル
What is today's special?

前菜はハウスサラダにします。
アィル ハヴ ザ ハウス サラド フォアラ スターター
I'll have the house salad for a starter.

かしこまりました。メインはどうされますか?
オーケイ アンド フォ ザ メイン コース
Okay, and for the main course?

ニューヨークステーキにします。
アィル ハヴ ザ ニュー ヨーク ステイク ブリーズ
I'll have the New York steak, please.

ステーキの焼き加減はどうされますか?
ハウ ウッジュー ライク ユア ステイク
How would you like your steak?

よく焼いてください。
ウェルダン ブリーズ
Well done, please.

Medium ミディアムにして | Rare レアにして

食事中

食事はすみましたか?
アー ユー フィニッシュト ウィズ ユア プレイト
Are you finished with your plate?

いいえ、まだ食べます。／はい、おわりました。
ノー ノット イェット　　　　　　 イエス アイム ダン
No, not yet. ／ Yes, I'm done.

誕生日にサービスをしてくれる店も。予約時に「The day is my birthday.」と伝えておこう。

おすすめは何ですか?
ワッドゥユー リコメンド
What do you recommend?

＼素敵な夜にカンパイ☆／

ハワイでカクテル *Catalog*

オンザビーチのレストランやホテルのバーで、サンセットや夜のビーチを眺めながらカクテルを傾けるのもいいもの。そこでハワイで飲むのにおすすめのカクテルをご紹介。

ハワイを代表する2大カクテル

マイタイ
Mai Tai

**サンセットを思わせる
オレンジ色が印象的**

マイタイとはポリネシア語で「最高」という意味。フルーツ系のジュースのトロピカルな香りが、まさにハワイの夜にぴったり。ちょっと甘めで女性にも飲みやすいカクテル。

History ハワイのバーから世界へ

マイタイは1944年にカリフォルニアで生まれた。やがてハワイの「ロイヤルハワイアン」がオリジナルのマイタイを出したところたちまち大人気に。現在ロイヤルハワイアンにはマイタイの名を冠した「マイタイバー」がある。

材料

ホワイトラム、オレンジキュラソー、ダークラム、パイナップルジュース、オレンジ果汁、レモン果汁、フルーツ(飾り用)、ミントの葉

ブルー・ハワイ
Blue Hawaii

**ハワイの海を思わせる
美しいトロピカルカクテル**

ブルーキュラソーの鮮やかなブルーが印象的なカクテル。パイナップルジュースやレモンジュースの爽やかな香りも心地よい。ぜひビーチを見渡せるバーで飲んでみたい。

History あの名画との関係は?

ハワイ生まれと言われているブルー・ハワイ。ハワイを舞台にした映画「ブルーハワイ」を撮影中に主演俳優のプレスリーが映画にちなんだカクテルをオーダーしたのが始まりという説もあるが、残念ながら関係性は定かではない。

材料

ホワイトラム、ブルーキュラソー、パイナップルジュース、フレッシュレモンジュース、フルーツ(飾り用)

ほかにもおすすめ、人気のカクテル図鑑

ピニャ・コラーダ
Pina Colada

1950年代にプエルトリコで生まれたカクテル。ラムをベースにココナッツミルクとパインジュースをシェイクした、トロピカルテイストあふれる味わい。まったりとした甘さも特徴。

イッチ
Itchy

ラムをベースにパッションフルーツの爽やかな香りと甘さが広がるライトな味わいのカクテル。イッチは「かゆい」という意味を持つことから、孫の手がグラスに刺さっている。

ラヴァ・フロウ
Lava Flow

溶岩流という意味の名を持つハワイ生まれのカクテル。ラムをベースにイチゴリキュール、ココナッツミルクなどが入ったスイーツ感覚の甘めの味わい。華やかな色合いも魅力。

マンゴー・リタ
Mango Lita

マンゴーを使ったマルガリータ。テキーラをベースにしたマルガリータはすっきりとした味のカクテルだが、マンゴーを加えることで南国らしいフルーティーなテイストに。

ハワイ・ファイヴ・オー
Hawaii FiveO

ラムをベースにして、ミントとライムで仕上げ。食事と一緒に楽しみたい人におすすめだ。クールな飲み口で、肉料理にもぴったり。男性にも人気が高い。

トロピカル・アイランド・モヒート
Tropical Island Mojito

人気テレビ番組のタイトルが付いたブルーのカクテルは、ウオツカをベースにブルーキュラソー、ストロベリー・ピューレをミックス。甘酸っぱくてクールな飲み心地が爽やかだ。

バナナ・バンシー
Banana Banshee

ウオツカをベースに、バナナとクリームがたっぷり。飲み応えがあるので食後酒的な感覚もある。スイーツ感覚で飲めるので女性にとくに人気が高い。

チチ
Chi Chi

ウオツカをベースにパイナップルとココナッツミルクでできたカクテル。トロピカルカクテルの定番ともいえるカクテルだ。甘い飲み心地で、女性に人気のカクテルとなっている。

お酒に弱い人は virgin cocktail (ヴァージン カクテル) といえばアルコール抜きに。

朝食ブッフェ
完全シミュレーション

『朝食ブッフェ』

好きな料理を好きなだけチョイスできる朝食ブッフェ。多くのホテルのレストランやカフェで朝食ブッフェが実施されており、値段も $10 台〜と幅広い。ヘルシーなジュースやヨーグルトなどもあり、心地いい空間でゆったり過ごす朝食はまさに旅先ならではの贅沢。

 入店

おはようございます。予約はおありですか?
グッ モーニン ドゥー ユー ハヴァ リザヴェイション
Good morning. Do you have a reservation?

いいえ。2人なんですが、席はありますか?
ノー ウィ ドン ドゥー ユー ハヴァ テイブル フォー トゥー
No, we don't. Do you have a table for two?

お席の希望はありますか?
ウェア ウッジュー ライク トゥ シット
Where would you like to sit?

 テラス(ラナイ)席をお願いします。
ウィド ライク トゥ シット オン ザ テラス (ラナイ)
We'd like to sit on the terrace (lanai).

オン ザ ビーチフロント	
on the beachfront	ビーチに面した席
インサイド	インザ バック
inside 室内の席	**in the back** 奥の席

 席にて

コーヒーをお持ちしましょうか?
ウッジュー ライク サム カフィー
Would you like some coffee?

 はい、お願いします。
イエス プリーズ
Yes, please.

店によってはドリンクはセルフサービスになっている。

では、ブッフェを楽しんでください。
プリーズ インジョイ ザ バッフェイ
Please enjoy the buffet.

オムレツをお願いします。
メイアィ ハヴ アン オムレツ
May I have an omelet?

具はどうしますか?
ワッ ウッジュー ライクイン ユア オムレツ
What would you like in your omelet?

マッシュルームとチーズをお願いします。
アイド ライクマッシュルーム アンド チーズ プリーズ
I'd like mushroom and cheese, please.

 おかわり

すみません。
イクスキューズ ミー
Excuse me.

何でしょう?
ハウ メイアィヘルプ ユー
How may I help you?

コーヒーのおかわりをお願いできますか?
キャナイ ハヴァ リフィル オブ マイ カフィー
Can I have a refill of my coffee?

 会計

チェックをお願いします。
チェック プリーズ
Check, please.

別々に会計してもらえますか?
クッド ウィ ハヴ セパレイト チェックス
Could we have separate checks?

こちらです。お支払いはレジでお願いします。
ヒア ユー ゴー プリーズ ペイアット ザ キャッシャー
Here you go. Please pay at the cashier.

サービス料は含まれていますか?
イズ ザ サーヴィス フィー インクルーディド
Is the service fee included?

いいえ、含まれていません。
ノー イットイズン
No, it isn't.

人気レストランは予約がベター。ホテルの場合、直接レストランでも、フロントでも予約可能 (→P.96)。

朝食
完全シミュレーション

『朝食』

ハワイには早朝からオープンし朝食を提供するカフェ、レストランが数多くあるのでたまにはホテルを抜け出して訪れてみるのもいい。

定番メニューはパンケーキ、オムレツ、フレンチトースト、エッグベネディクトなど。朝の爽やかな空気の中、フレッシュな朝食を。

入店

いらっしゃいませ。何名様ですか?
ハイ グッ モーニン ハウ メニィ
Hi! Good morning. How many?

2名です。
トゥー プリーズ
Two, please.

こちらへどうぞ。
ジス ウェイ プリーズ
This way, please.

注文

飲み物はいかがですか?
ウッジュー ライク サム シン トゥ ドリンク
Would you like something to drink?

コーヒーをお願いします。
カフィー プリーズ
Coffee, please.

ア スムージー	
A smoothie	スムージー
フレッシュ ジュース	
Fresh juice	生ジュース

こちらがメニューです。
のちほど注文をうかがいにまいります。
ヒア イズ ア メニュー アィル ビー ライト バック
Here is a menu. I'll be right back.

注文

お決まりですか?
アー ユー レディ トゥ オーダー
Are you ready to order?

 フレンチトーストをお願いします。
アィル ハヴ フレンチ トゥスト プリーズ
I'll have French toast, please.

フレンチトーストに何かトッピングしますか?
ウッジュー ライク エニィ トッピングズ
Would you like any toppings
オン ユア フレンチ トゥスト
on your French toast?

 バナナとイチゴをお願いします。
バナナズ アンド ストロベリィズ プリーズ
Bananas and strawberries, please.

ブルーベリィズ
Blueberries ブルーベリー

キウィ
Kiwi キウイ

 何も要りません。
ノー ナッシン サンクス
No, nothing, thanks.

 ベーコンエッグのプレートをお願いします。
キャナイ ハヴ ァ ベイコン アンド エッグ プレイト
Can I have a bacon and egg plate?

卵はどのようにしますか?
ハウ ウッジュー ライク ユア エッグズ
How would you like your eggs?

 スクランブルでお願いします。
スクランブルド プリーズ
Scrambled, please.

サニィ サイド アップ
Sunny-side up 目玉焼き │ ボイルド
Boiled ゆで卵

 ケチャップをもらえますか?
キャナイ ハヴ サム ケチャップ
Can I have some ketchup?

朝食専門店は15時頃閉店する。14時頃はすいていて人気店でも並ばずに入れる。

読めば快晴
ハレ旅 Study

ハワイのコーヒー

ハワイでは19世紀からコーヒーが根づいていた!

1825年にブラジルからコーヒーの木(エチオピア原産のアラビカ種)が持ち込まれたことをきっかけに、ハワイアンコーヒーの歴史が始まった。その木は3年後にハワイ島コナに植えられると、またたく間にエリア全体がコーヒーの木だらけになったという。

こうして誕生したコナのコーヒー産業は、その後世界情勢な

ハワイで栽培されている豆はすべてアラビカ種ですぐれたフレーバーをもつ。

コナコーヒーQ&A

ハワイを代表するコナコーヒーってどんなコーヒー?

Q コナコーヒーはなぜ高価?
A 希少価値が高いから。

気候、土壌、急傾斜の地形といったよいコーヒー豆が育つ条件が揃ったコナで栽培されるコナコーヒー。手摘みなど丁寧な作業で大切に育てられているため、収穫量が少なく希少価値が高い。

Q 等級があるの?
A 5つの等級がある。

ハワイ州では上からエクストラファンシー、ファンシー、No.1、セレクト、プライムの5つに等級を分けている。さらにその上に君臨する最高級品質のピーベリーがある。

Q コナコーヒーの おいしい入れ方は?
A 強めの酸味を引き出そう。

コナコーヒーは強めの酸味と柑橘系の甘い香りが特徴。ペーパードリップで上手に引き出してみよう。

1	お湯は90℃で。沸騰したお湯を2〜3分おくとだいたい90℃に。
2	粉全体を湿らせて20〜30秒蒸らす。
3	中心から渦巻状にほそーくゆっくりと、量の2/3までお湯を注ぐ。
4	お湯をたっぷり渦巻状に注いで分量に達したらドリッパーをはずす。

注)お湯を全部落とすと豆の雑味が交じるので注意。

ど様々な要因で激しい浮き沈みを繰り返していくのだが、1950年代頃からはその希少性と品質のよさで次第に人気が高まり、1970年代には最高級のグルメコーヒーとしての地位を確立。今ではキリマンジャロ、ブルーマウンテンとともに、"世界三大コーヒー"と称されるまでになっている。この栄光の歴史を20世紀初頭からずっと支え続けてきたのは、一時は全体の約8割ものコナコーヒーを栽培していたという日系移民の人たちだ。

近年ではコナに加え、同じハワイ島カウエリアのカウコーヒーや、オアフ島ノースショアのワイアルアコーヒーも高い評価を得てきている。またモロカイ、カウアイ、マウイの各島でも栽培が盛んになっていて、コーヒー好きにはますます楽しみが増えそうだ。

コーヒーベルトって何?

赤道を中心とした北緯・南緯各25度までのエリアは「コーヒーベルト」と呼ばれ、コーヒー豆の栽培に適した地域とされている。世界三大コーヒーに代表される有名なコーヒー豆は、すべてこのベルト内で作られている。ちなみにハワイは、アメリカで唯一のコーヒー豆の産地だ。

コナブレンドって?

「Kona Blend(コナブレンド)」とパッケージに書かれていたらそれは10%以上のコナ産豆と他産地の豆をブレンドしたもの。コナ産だけだと「100% Kona(コナ100%)」と書かれている。

豆はホールビーン(whole bean)、挽いたものはグラウンド(ground)という。

Pancake Simulation

パンケーキ 完全シミュレーション

What is 『パンケーキ』

日本にも次々とハワイ発のパンケーキ店が上陸し人気を呼んでいるが、せっかくなら本場で食べたい。ふっくら系からもっちり系まで種類もさまざま。たっぷりのったホイップとフルーツもたまらない！ 有名店も本店でなければ比較的並ぶ時間が少なく入ることができる。

注文

お飲み物はいかがですか？
ウッジュー ライク サムシン トゥ ドリンク
Would you like something to drink?

コーヒーをお願いします。
カフィー プリーズ
Coffee, please.

アイスト ティー	ホッ ティー
Iced tea アイスティー	Hot tea 紅茶
グァヴァ ジュース	ア スムージー
Guava juice グァバジュース	A smoothie スムージー

リリコイとはパッションフルーツのこと。

注文はお決まりですか？
アー ユー レディ トゥ オーダー
Are you ready to order?

リリコイ・パンケーキをください。
アイド ライク リリコイ パンケイクス
I'd like lilikoi pancakes.

メニュー P.110

パンケーキは何枚ですか？
ハウ メニイ パンケイクス アー イン ワン オーダー
How many pancakes are in one order?

3枚です。
スリー
Three.

追加することはできますか？
キャナイ オーダー アン アディショナル パンケイク
Can I order an additional pancake?

注文

もちろん、1枚$○で追加できます。
シュア ゼイアー ○ダラーズ ア ピース
Sure, they're $○ a piece.

では、1枚追加してください。
オーケイ ゼン アィル ハヴ ワン モア プリーズ
Okay, then, I'll have one more, please.

2人で分けて食べたいのですがいいですか?
キャン ウィ シェア イット
Can we share it?

もちろんです。
シュア
Sure.

取り皿をいただけますか?
キャナィ ハヴ サム エクストラ プレイツ
Can I have some extra plates?

食事中

グァバやココナッツなど
シロップもいろいろある
ので、試してみよう。

お味はどうですか?
ハウ イズ イット
How is it?

とてもおいしいです。
イッツ デリシャス
It's delicious.

コーヒーのおかわりはいかがですか?
ウッジュー ライク サム モア カフィー
Would you like some more coffee?

お願いします。	もういりません。
イエス プリーズ	アィム ファイン
Yes, please.	I'm fine.

会計

お会計をお願いします。
チェック プリーズ
Check, please.

こちらがチェックです。
ヒア ユー ゴー
Here you go.

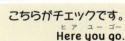

テーブルにあるソースやシロップはかけ放題。オリジナルのシロップを用意している店も。

おいしい！
ヤミィ
Yummy!

シンプルがいい？それともフルーツたっぷり？
パンケーキ *Catalog*

ハワイでこそ味わいたい、ハワイでしか味わえない、
パンケーキをど〜んとご紹介!! それぞれの個性でグループ分けしてみました。

ホイップがすごい

フルーツ
フルート
fruit

ホイップクリーム
ウィップト クリーム
whipped cream

粉砂糖
パウダード シュガー
powdered sugar

パンケーキ
パンケイクス
pancakes

**ストロベリー・ホイップクリーム
&マカダミアナッツ**

ストロベリイ ウィップト
strawberry whipped
クリームアンドマ カ ダ ミ ア ナッツ
cream & macadamia nuts

軽めのパンケーキにイチゴ
とホイップクリーム。マカ
ダミアナッツを振りかけて。

**ストロベリー・
ホイップクリーム・パンケーキ**

ストロベリイ ウィップト クリーム
strawberry whipped cream
パンケイクス
pancakes

イチゴとホイップクリームを
大量にトッピング。粉砂糖も多
めに振りかけている。

**ダブル・ブルーベリー・
パンケーキ**

ダブル ブルーベリイ
double blueberry
パンケイクス
pancakes

4枚重ねのバターミルク・パン
ケーキに、ブルーベリーソース
とホイップクリームをたっぷり。

フルーツたっぷり

[バターミルク・パンケーキ](#)
バターミルク パンケイクス
buttermilk pancakes

トッピングはイチゴやブルーベリー、バナナなど。

[マウイパイナップル＆ココナッツ・バターミルク・パンケーキ](#)
マウイ パイナップルアンド
maui pineapple &
ココナッツ バターミルク
coconut buttermilk
パンケイクス
pancakes

マウイ島産パイナップルとココナッツをトッピング。

[フルーツスフレ パンケーキ](#)
フルート スフレイ パンケイクス
fruit souffle pancakes

ふわふわの食感のスフレパンケーキは、バナナやイチゴなどと。

ソースが決め手

[リリコイ・パンケーキ](#)
リリコイ パンケイクス
lilikoi pancakes

リリコイ（パッションフルーツ）が入った特製ソースが爽やか。

[グアバ・シフォン パンケーキ](#)
グァヴァ シフォン パンケイクス
guava chiffon pancakes

グアバの酸味がパンケーキやホイップと相性抜群。

[マカダミアナッツ ソース・パンケーキ](#)
マカダミア ナッツ ソース パンケイクス
macadamia nuts sauce pancakes

マカダミアナッツのクリーミーなソースがやみつきに。

見た目がユニーク

[イチゴのスフレパンケーキ](#)
スフレイ パンケイクス ウィズ
souffle pancakes with
フレッシュ ストロベリィズ
fresh strawberries

ふわっとスフレ状の軽い食感に仕上げたフレンチタイプ。

[レッドベルベット・パンケーキ](#)
レッド ヴェルヴェット パンケイクス
red velvet pancakes

赤い生地はアメリカでは家庭でもおなじみのココアフレーバー。

[シン・パンケーキ](#)
シン パンケイクス
thin pancakes
生地を巻いて作る。メープルバターのシロップがマッチ。

[ウベ・パンケーキ](#)
ウベ パンケイクス
ube pancakes
ウベという野菜をソースに使用。生地にも練り込んでいる。

日本ではホットケーキともいうが、フライパン (pan) で焼くケーキだからパンケーキなのだ。

プレートランチ
完全シミュレーション

What is 『プレートランチ』

ハワイでは、メイン料理とごはんが丸ごとひと皿に盛り込まれた、プレートランチが人気。フードコートやファーマーズマーケット、フードワゴンなどで、紙や発泡スチロールのパックに詰めたものをテイクアウトして、ビーチやホテルで食べるのもいい。

🌺 一般的なプレートランチ 🌺

メインのおかずにサラダが付き、スクープで盛ったごはんが2つ、というのが一般的なプレートランチだ。

 注文

いらっしゃいませ。
メイ アイ ヘルプ ユー
May I help you?

 何がおすすめですか?
ワッ ドゥ ユー リコメンド
What do you recommend?

アヒステーキプレートがとても人気ですよ。
ジ アヒ プレイト イズ ヴェリィ ポピュラー
The ahi plate is very popular.

 ではそれをください。
オーケイ アイル ハヴ ザット
Okay, I'll have that. メニュー P.115

ごはんは白米か玄米か選べるようになっている店が多い。

ごはんは何にしますか?
ワッ カインド オブ ライス ウッジュー ライク
What kind of rice would you like?

 何がありますか?
ワッ カインド ドゥ ユー ハヴ
What kind do you have?

白米か玄米を選べます。
ウィ ハヴ ワイト ライス アンド ブラウン ライス
We have white rice and brown rice.

注文

玄米でお願いします。
ブラウン ライス プリーズ
Brown rice, please.

グリーンサラダかマカロニサラダのどちらになさいますか?
ウッジュー ライク ア グリーン サラダ
Would you like a green salad
オア マカロニ サラダ
or macaroni salad?

マカロニサラダをお願いします。
マカロニ サラダ プリーズ
Macaroni salad, please.

以前は付け合わせといえばマカロニサラダだったが、最近はグリーンサラダを選べる店も。

 ドリンクはどうなさいますか?
エニシン トゥ ドリンク
Anything to drink?

ペットボトルの水をください。
ア ボトル オブ ウォータ プリーズ
A bottle of water, please.

全部で$○○です。できあがったら
番号で呼びますので横のカウンターでお待ちください。
イットル ビー ○○ダラーズ プリーズ ウェイト アット ザ ネクス カウンター
It'll be $○○. Please wait at the next counter.
ウィル コール ユア ナンバー ウェン イッツ レディ
We'll call your number when it's ready.

**どこか食べられる場所は
ありますか?**
イズ ゼア サムウェア ウィ キャン イート
Is there somewhere we can eat?

はい。外にテーブルがいくつかありますよ。
イエス ウィ ハヴ テイブルズ アウトサイド
Yes. We have tables outside.

**ナイフとフォークを
余分にもらえますか?**
キャン ウィ ハヴ アン エクストラ
Can we have an extra
ナイフ アンド フォーク
knife and fork?

店内にイートインスペースや店外にテーブルを置く店も多いので、できたてを味わうのもおすすめ。

はい。どうぞ。
シュア ヒア ユー ゴー
Sure. Here you go.

ごはんはスクープ(scoop)という単位を用いる。アイスクリームのスクーパーで盛り付けるからだ。

🌸 コリアン、チャイニーズプレートランチ 🌸

韓国料理や中国料理のプレートランチは数ある総菜からおかずを選ぶシステム。ショーケースに並んでいるので指さしで注文すればOK。

注文

レギュラープレートをください。
ア レギュラー プレイト プリーズ
A regular plate, please.

やきそばにしますか?チャーハンにしますか?
フライド ヌードルズ オア フライド ライス
Fried noodles or fried rice?

チャーハンでお願いします。
フライド ライス プリーズ
Fried rice, please.

両方お願いします。
ボウス プリーズ
Both, please.

チャイニーズプレートは主食を選ぶ。やきそばとチャーハンを半分ずつにしてもOKという店もある。

おかずはどれがいいですか?
ウィッチ オカズ ドゥ ユー ウォント
Which okazu do you want?

Okazu(オカズ)はハワイで使われている日本語。

いくつ選べますか?
ハウ メニイ キャナイ チューズ
How many can I choose?

レギュラープレートは3つ選べます。
ユー キャン ハヴ スリー フォー ア レギュラー プレイト
You can have three for a regular plate.

これと、それと、これをお願いします。
ジス ワン アンド ザット ワン アンド ジス プリーズ
This one, and that one, and this, please.

指で示す

会計

会計はこちらのカウンターでお願いします。
プリーズ フォロウ ミー トゥ ザ カウンター
Please follow me to the counter.

レシートをもらえますか?
キャナイ ハヴ ザ レシート
Can I have the receipt?

イートインでは、フタが付かない紙皿を使うことも。持ち帰る場合は、注文時に「To go.」と伝えよう。

114

プレートランチ Catalog

多彩なローカルフードに舌鼓

おいしい！ ヤミィ Yummy!

手軽においしい料理が楽しめるから、プレートランチはツーリストにもおすすめ。ロコに人気の料理をここでご紹介！

スイート・チリ・チキン
スウィート チリ チキン
Sweet Chili Chicken
揚げたてのチキンに甘辛ソースを絡めたもの。

グリルド・アヒ
グリルド アヒ
Grilled Ahi
マグロを炙ったステーキがメインのプレート。

リブ・アイ・ステーキ
リブアイ ステイク
Ribeye Steak
ボリューム感のあるステーキ。ソースは選べる。

ガーリック・ステーキ
ガーリック ステイク
Garlic Steak
にんにくの香りが効いたステーキはごはんに合う。

ガーリック・シュリンプ
ガーリック シュリンプ
Garlic Shrimp
エビをガーリックのタレに絡めて炒めた人気料理。

ガーリック・シュリンプ
ガーリック シュリンプ
Garlic Shrimp
ガーリック・シュリンプは店によってサイドメニューは多彩。

ロコモコ・プレート
ロコモコ プレイト
Locomoco Plate
グレービーソースと半熟卵がごはんにとろ〜り。

ニューヨークステーキ・プレート
ニュー ヨーク ステイク プレイト
New York Steak Plate
肉厚ステーキが食べ応えあり。サイドはサラダで。

チャイニーズ・プレート
チャイニーズ プレイト
Chinese Plate
メインにおかずを2種類選べるスモールプレート。

サイズでよび方が異なる。エビはシュリンプだが大きめのものはprawn（プローン）という。

EAT / 基本 / 予約 / ファインダイニング / 朝食ブッフェ / 朝食 / パンケーキ / プレートランチ / ハンバーガー / エスニック / ハワイアンフード

Hamburger Simulation
ハンバーガー
完全シミュレーション

『ハンバーガー』

有名チェーンのおなじみのものから、ローカルカフェの個性派バーガー、レストランのグルメバーガーまでハワイにはさまざまなハンバーガーがある。店によってはパンや具材を選ぶことができるので、積極的に試して自分好みのハンバーガーを見つけたい。

注文

こんにちは!○○へようこそ!
ヘロウ ウェルカム トゥ ○○
Hello! Welcome to ○○!

カスタムバーガーをください。
アィル ハヴァ カスタム バーガー プリーズ
I'll have a custom burger, please.

メニュー P.119

レタスとトマトと玉ねぎは入れますか?
ウッジュー ライク レタス トメイトウ アンド オニオン
Would you like lettuce, tomato, and onion?

全部お願いします。
でも 玉ねぎは少なめ にしてください。
アィル ハヴ エヴリシン バット オンリイ
I'll have everything but only
ア リトル オニオン プリーズ
a little onion, please.

アフュー ピクルズ	アフュー オリヴズ
a few pickles ピクルス少なめ	**a few olives** オリーブ少なめ

レタスと玉ねぎを入れて、トマト抜きにしてください。
アィル ハヴ レタス アンド オニオン バット ノートメイトウ プリーズ
I'll have lettuce and onion, but no tomato, please.

ほかにトッピングはいかがですか?
ウッジュー ライク エニィ アザー トッピングズ
Would you like any other toppings?

アボカドはいくらですか?
ハウ マッチ イズ アヴォカド
How much is avocado?

注文

$1です。
イッツ ワンダラー
it's $1.

わかりました。アボカドをください。
オーケイ アイル ハヴ アヴォカド
Okay, I'll have avocado.

パンの種類はどうしますか?
ワッ カインド オブ バン ウッジュー ライク
What kind of bun would you like?

セサミでお願いします。
セサミ シード プリーズ
Sesame seed, please.

パンの種類は選べるのが一般的だ。

ワイト		ブラウン	
White	白パン	Brown	黒パン

ほかにご注文は?
エニシン エルス
Anything else?

フライドポテトをお願いします。
アイド ライク フレンチ フライド ポテイトウズ
I'd like French-fried potatoes.

飲み物はどうしますか?
エニシン トゥドリンク
Anything to drink?

ソフトドリンクにします。
アイル ハヴ ソウダ プリーズ
I'll have soda, please.

わかりました、こちらのカップをどうぞ。
オーケイ ヒアズ ユア カップ
Okay, here's your cup.

ドリンクコーナーからご自由にどうぞ。
ユー キャン ハヴ フリー リフィルズ
You can have free refills
フロム ザ ソウダ ファウンテン
from the soda fountain.

ファストフードなどではドリンクは空のカップをもらい、自分で入れるセルフサービスだ。

こちらでお召し上がりですか?お持ち帰りですか?
フォー ヒア オア トゥ ゴー
For here or to go?

注文を受けてから作るグルメバーガーが大人気。伝票に注文を書き込むシステムの店も。

注文

食べていきます。
フォー ヒア
For here.

できましたらお呼びします。名前を教えてもらえますか?
ウィル コール ユー ウェン イッツ レディ
We'll call you when it's ready.
メイ アイ ハヴ ユア ネイム プリーズ
May I have your name, please?

晴子です。
ハレコ
Hareko.

> グルメバーガー店では注文を受けてから焼く。できあがったらレシート番号や名前で呼んでくれる。

受け取り

晴子さま。
ハレコ
Hareko.

はい。
イエス
Yes.

こちらです。ごゆっくりどうぞ。
ヒア ユー ゴー インジョイ ユア ミール
Here you go. Enjoy your meal.

ケチャップはどこですか?
ウェア イズ ザ ケチャップ
Where is the ketchup?

イズ ザ マスタード	イズ ザ メイアネイズ
is the mustard マスタード	is the mayonnaise マヨネーズ
アー ザ ペイパー ナプキンズ	アー ザ ストローズ
are the paper napkins 紙ナプキン	are the straws ストロー
イズ ザ ミルク	イズ ザ シュガー
is the milk ミルク	is the sugar 砂糖
アー ザ スター スティックス	アー ザ スプーンズ
are the stir sticks マドラー	are the spoons スプーン
アー ザ フォークス	アー ザ トゥースピックス
are the forks フォーク	are the toothpicks つまようじ

あちらのカウンターからご自由にどうぞ。
オン ザ カウンター プリーズ ヘルプ ユアセルフ
On the counter. Please help yourself.

> ここで食べます。
> For here.
> フォー ヒア

大きな口でかぶりつこう
ハンバーガー *Catalog*

ボリュームたっぷりのパテは食べ応えも満点。好みの野菜と一緒に召しあがれ。

- バン **Bun** バン
- チーズ **Cheese** チーズ
- パティ **Patty** パテ
- フレンチ フライド ポテイトウズ **French-fried potatoes** フライドポテト

カスタムバーガー
カスタム バーガー
Custom Burger
パテや具材を自分で選ぶことができる。ベジタリアン用にもできる。

モンスター・ダブル・バーガー
モンスター ダブル バーガー
Monster Double Burger
チェダーチーズがドロッと溶けだして、まさにモンスターのよう。

BCバーガー
ビーシー バーガー
BC Burger
バンズの中にはスモークベーコンやグリルアップルなどがたっぷり。

カウンター・バーガー
カウンター バーガー
Counter Burger
アンガスビーフのパテとオニオンフライ、マッシュルームソテー入り。

パストラミ・チーズ・バーガー
パストラミ チーズ バーガー
Pastrami Cheese Burger
ビーフパテにプラスしてたっぷりのパストラミが入ってボリューム満点。

クラシック・ハンバーガーwithアボカド
クラシック ハンバーガー ウィズ アヴォカド
Classic Hamburger with Avocado
大きなアボカドとジューシーなビーフパテが入ったハンバーガー。

ロイヤル・バーガー
ロイヤル バーガー
Royal Burger
新鮮なレタスやトマト、薄切り牛肉入り。秘伝のタレがおいしさの決め手。

パンの代わりに野菜を使ったベジバーガーというものもあり、ロコガールに人気がある。

EAT | 基本 | 予約 | ファインダイニング | 朝食ブッフェ | 朝食 | パンケーキ | プレートランチ | ハンバーガー | エスニック | ハワイアンフード

119

Ethnic Simulation
エスニック
完全シミュレーション

What is 『エスニック』

タイ料理やベトナム料理、インド料理など、移民の多いハワイでは意外なほどエスニック料理が盛ん。本場から来たシェフが作っている場合が多いので、味のレベルも高め。とくにベトナム料理のフォーや、フランスパンを使ったサンドイッチのバインミーはポピュラーだ。

注文

春巻きは1皿にいくつありますか?
ハウ メニイ スプリング ロウルズ アー イン ワン オーダー
How many spring rolls are in one order?

2本です。
トゥー
Two.

1本を2つにカットしていただけますか?
キャンニュー カット ゼム イントゥー
Can you cut them in two?

かしこまりました。ほかにご注文はありますか?
イエス エニシン エルス
Yes. Anything else?

グリーンパパイヤサラダをお願いします。
アイル ハヴ グリーン パパイヤ サラダ
I'll have a green papaya salad.

サラダに香草は入っていますか?
ダズ ザ サラド ハヴ コリアンダー インイット
Does the salad have corriander in it?

玉ねぎを抜いてもらえますか?
キャンニュー ホウルド ジ オニオン
Can you hold the onion?

キャロット	ピクルズ
carrot ニンジン	**pickles** ピクルス

グリーン ペッパー
green pepper ピーマン

注文

何がおすすめですか?
ワッ ドゥ ユー リコメンド
What do you recommend?

イエローカレーはとても人気ですよ。
イエロウ カリィ イズ ヴェリイ ポピュラー
Yellow curry is very popular.

それは辛いですか?
イズ イット スパイシイ
Is it spicy?

けっこう、辛いです。
イッツ クワイト スパイシイ
It's quite spicy.

マイルドに(もっと辛く)できますよ。
ウィ キャン メイク イット レス スパイシイ (モア スパイシイ) フォー ユー
We can make it less spicy (more spicy) for you.

どのくらいの量ですか?
ハウ ビッグ イズ ザ ポーション
How big is the portion?

3人で十分な量だと思いますか?
ドゥ ユー シンク ザッツ イナフ
Do you think that's enough
フォー スリー ピープル
for three people?

全部シェアして食べても大丈夫ですか?
クッド ウィ シェア エブリシン
Could we share everything?

では、シェアして食べます。
ウィ ウィル シェア イット ゼン
We will share it then.

3人分に分けてもらえますか?
クッジュー スプリッ ジス イントゥ スリー
Could you split this into three?

それほどお腹が空いてないです。軽めのものはありますか?
ウィ アー ノット ヴェリイ ハングリイ ドゥ ユー ハヴ サムシン ライト
We are not very hungry. Do you have something light?

ミャンマーやモロッコなど、珍しい国のレストランもある。ハワイで食の世界旅行ができる!?

How to Tip

\ 慣れれば簡単！ /
スマートなチップの渡し方

日本人がハワイ旅行する際、どうしても慣れないのがチップの習慣。いくらをどういうタイミングで出せばいいか、悩んでしまう。そこであわてないように、チップの基本をご紹介。

ラグジュアリーレストランではとくにスマートにチップを渡したい

料金にすでにチップ分が含まれていないかの確認も

アメリカでサービスを受けた際には、チップを渡すのが一般的。アメリカのサービス業のスタッフにとって、チップは重要な収入源なのだ。しかしチップの習慣がない日本人にとっては、チップを素早く計算しスマートに出すのがなかなか難しい。そのため日本人には、あらかじめチップを含めた伝票を渡されることがある。それに気づかず二重にチップを払うことがないよう気をつけたい。ちなみにチップはGratuityやService Chargeとも表記される。

シーン別 チップの目安

レストラン ▶ だいたいTAXも含めた料金の15〜25％が一般的。高級店は25％程度。とはいえ厳密に計算しなくとも端数は切り上げ切り下げをしてOK。

バー ▶ 基本的にはレストラン同様、料金の15〜25％。キャッシュオンデリバリーの場合は1ドリンクにつき$1をチップとして渡すのがスマートだ。

ホテルのポーター ▶ 部屋まで荷物を運んでもらった場合、部屋の使い方の説明を受けたあと、荷物1つにつき$1〜2程度渡すのが一般的。

ハウスキーピング ▶ 部屋の清掃を頼みたい場合はピローチップとしてサイドテーブルに1人$1程度を置いておく。清掃がいらなければドアに「Don't disturb.」の札をかけておく。

バレットパーキング ▶ ホテルやレストランの車寄せに車を入れる際、担当スタッフに車を預け駐車場に入れてもらった場合、駐車料金とは別に$2〜5程度をチップとして渡す。

タクシー ▶ メーター料金の10〜15％が一般的。重い荷物を出し入れしてもらったら荷物1つにつき$1程度加算。チップとして渡す小銭がなければお釣りの中から出せばOK。

レストランでチップを払う場合

❶ 現金でテーブルに置いておく
料金を現金で払う場合、チップを上乗せした現金をテーブルに置いておけばOK。細かいお金がない場合は高額紙幣で一旦支払い、お釣りの中からチップの分をテーブルに置いておく。

❷ クレジットカードでまとめて
クレジットカードで決算する場合、クレジットのサインをする際にチップを書き入れる欄があるので、そこに自分でチップ分を計算して書き入れれば決済の時に同時に引き落とされる。

❸ クレジットカード+現金
財布の中にチップ分のお金がある場合は、料理やドリンクの料金だけクレジットで支払い、チップ分は現金で置いていけばOK。

❹ セルフサービスのお店の場合
セルフサービスのカフェや、ランチプレートのお店の場合、チップをどうするか悩むところ。強制ではないがレジ横にチップを入れる箱があるので、そこに入れればいい。

ホテルでチップを払う場合
できるだけチップ用に小額紙幣を財布またはポケットに確保しておき、何かサービスを受けたときに「Thank you.」の言葉とともに渡すのがスマート。あらかじめ両替の際に$1札を少し多めに混ぜておいてもらうと便利だ。

タクシーでチップを払う場合
チップ用の小額紙幣がない場合はまずタクシー料金を払い、お釣りの中からチップを抜いた分だけを要求すればいい。お釣りを丸ごとチップとして渡したいときは「Keep the change, please.」(お釣りはとっておいてください)でOK。

チップ早見表

$ \ %	15%	17%	20%
$10	$1.50	$1.70	$2
$20	$3	$3.40	$4
$30	$4.50	$5.10	$6
$40	$6	$6.80	$8
$50	$7.50	$8.50	$10
$60	$9	$10.20	$12
$70	$10.50	$11.90	$14
$80	$12	$13.60	$16
$90	$13.50	$15.30	$18
$100	$15	$17	$20
$200	$30	$34	$40

アメリカのお金

硬貨
コインは見分けが難しいため、つい財布に貯めこんでしまいがちなので、こまめに使用するようにしたい。

25¢　　10¢

5¢　　1¢

紙幣
チップに使用するために両替の際には$1札を多めに用意しておくといい。

 $100

 $50

 $20

 $10

 $5

 $1

$1≒107.45円
レート(2016年4月11日現在)

チップは紙幣が基本だが、レストランなどではお釣りの小銭をチップに含めていい。

Hawaiian Food Simulation
ハワイアンフード
完全シミュレーション

『ハワイアンフード』

もともとハワイには、タロイモから作るポイなど、ポリネシアン地域に共通する料理や、ハワイの自然の中で育まれた伝統的な料理があった。そこに移民がもたらした西洋料理、和食、エスニック料理などが融合し、ロコモコなど多彩なメニューが登場するようになった。

 注文

いらっしゃいませ。
Aloha!
アロハ

ハワイ料理は食べたことありますか？
Have you ever tried Hawaiian food?
ハヴ ユー エヴァ トライド ハワイアン フード

いいえ、初めてハワイアンフードを食べるのですが何がおすすめですか？
No, it's my first time.
ノー イッツ マイ ファース タイム
What do you recommend?
ワッ ドゥ ユー リコメンド

ハワイアンプレートがおすすめです。
I recommend our Hawaiian Plate.
アィ リコメンド アワ ハワイアン プレイト

どんなものですか？
What is that?
ワッ イズ ザット

カルアピッグとラウラウ、ロミサーモン、ポイにハウピアパイがデザートで付いています。
It's a plate with kalua pig, laulau,
イッツ ア プレイト ウィズ カルア ピッグ ラウラウ
lomi salmon, poi, and haupia for dessert.
ロミ サーモン ポイ アンド ハウピア フォー デザート

ハワイアンフードについては（→P.127）。

注文

ポイはフレッシュと発酵したものがあります。
イフ ハヴ フレッシュ ポイ アンド ファーメンテッド ポイ
We have fresh poi and fermented poi.

初めてならフレッシュなほうが食べやすいでしょう。
イフ ユー アー トライング イット フォー ザ ファース タイム
If you are trying it for the first time,
アイド リコメンド ザ フレッシュ ポイ
I'd recommend the fresh poi.

発酵したものは独特な酸味があり、好みが分かれる。

食べる

ポイはどうやって食べるのですか?
ハウ ドゥ アイ イート ポイ
How do I eat poi?

ハワイアンは指ですくって食べます。
トラディショナリイ ユー イート ポイ ウィズ ユア フィンガーズ
Traditionally, you eat poi with your fingers.

でも、スプーンを使っても構いませんよ。
バット ユー キャン ユーズ ア スプーン イフ ユー ライク
But you can use a spoon if you like.

お味はいかがですか?
ドゥ ユー ライク イット ワッ ドゥ ユー シンク
Do you like it? What do you think?

酸味がありますが、おいしいです。
イッツ ア リトル ビット サワー バット プリティ グッ
It's a little bit sour, but pretty good.

アイ ドン ライク イット
I don't like it. ちょっと苦手です。

アイム ノット トゥー シュア
I'm not too sure. よくわかりません。

ハウピアとは何ですか?
ワッ イズ ハウピア
What is haupia?

ココナッツミルクとタロイモで作った
ハワイの伝統的なデザートです。
イッツ ア トラディショナル ディザート イン ハワイ
It's a traditional dessert in Hawaii,
メイド オブ ココナッ アンド タロ
made of coconut and taro.

ポイはハワイ語で「たたき潰す」、ロミは「揉む」という意味。調理法が料理名になっている。

料理にまつわる**ハワイ語辞典**

\ レストランでお役立ち /

How to order

Ahi（マグロ）などハワイ語で表記される食材や料理は意外に多い。もちろん英語や日本語が添えられている場合もあるが、食材や料理名のハワイ語がわかると便利だ。

シーフード *Seafood*

イ・ア **i'a** 魚	アヒ **ahi** キハダマグロ	アク **aku** カツオ
マヒマヒ **mahimahi** シイラ	ヘ・エ **he'e** タコ	オノ **'ono** サワラ
オパカパカ **'opakapaka** ヒメダイ	リム **limu** 海藻	イ・ア・ホウ **i'a Hou** 刺身

野菜・果物 *Vegetables & Fruits*

カロ **kalo** タロイモ	ペア **pea** アボカド	アラニ **'alani** オレンジ
カピキ **kapiki** キャベツ	オヒア ロミ **'ohi'a lomi** トマト	マイア **mai'a** バナナ
ハラ カヒキ **hala kahiki** パイナップル	ニウ **niu** ココナッツ	フア **hua** 果物
	メア ウル **mea ulu** 野菜	リリコイ **lilikoi** パッションフルーツ

肉 *Meat*

モア **moa** 鶏肉	ピピ **pipi** 牛肉	プア・ア **pua'a** 豚肉

調理法・その他 *Recipe, etc.*

ロミロミ **lomilomi** 揉む	カルア **kalua** 蒸し焼き	
ポケ(ポキ) **poke** 魚を小さく切る	イム **imu** 地面に掘ったかまど	オノ **'ono** おいしい

ハワイアンフードにチャレンジ

伝統的なものから比較的に新しいものまで、ハワイに来たらぜひチャレンジ。

ポケ(ポキ)
poke
刺身を香味野菜と共に醤油、食用油で和えたもの。それをごはんに盛り付けた poke 丼も人気。poke に使う刺身で一番ポピュラーなのはマグロ（アヒ）。

ロコモコ
locomoco
ごはんにハンバーグと目玉焼きを盛り付け、グレービーソースをかけたもの。1940年代にハワイ島で学生向けに作られたのが最初だと言われている。

ポイ
poi
ポリネシア各地で食べられてきた伝統食。タロイモの球茎をすり潰しペースト状にしたもので、古代ハワイでは主食として食べられてきた。

ハウピア
haupia
ココナッツミルクにタロイモ（でんぷん）を混ぜて固めたスイーツ。伝統的宴席のルアウでも食べられる。タロイモはコーンスターチでも代用可能。

ラウラウ
laulau
タロイモとティの葉で魚や肉を包み焼きした料理。シンプルな料理だがハワイ産の塩と葉の香りが味に奥行きを与えてくれている。しっとりとした食感だ。

カルア ピッグ
kalua pig
豚肉をバナナの葉で包んで、土の中で時間をかけて蒸し焼きにし、塩味で食べるポピュラーな料理。古代ハワイからアウに欠かせない料理でもある。

王族時代からの伝統料理や各国の移民が持ち込んだ食文化の融合がハワイアンフードだ。

ハレ's advice

日本語がハワイで使われるワケ

ハワイでは多くの日本語が使われている。それは昔、たくさんの日本人が移住したため。今の日系人は3世・4世なのでほとんど日本語を話さない。「日本人のおばあちゃん」に見える人が全然日本語を話せないこともあるけれど、「ハワイの日本語」は話すんだ。

ハワイ語になった日本語

ハワイ島ヒロにある水産マーケット

ハワイ語	日本語
オカズ	おかず
オナガ	オナガ鯛
カマボコ	かまぼこ
ショウユ	しょう油
スイサン	水産
ゾーリ	草履
ダイコン	大根足

ハワイ語	日本語
タコ	蛸
バーチャン	おばあちゃん
バカタレ	頭の良くない人 (ハワイ語ではロロ(lolo))
ヒロ	ハワイ島の町名
ボチャ	風呂に入る
ムスビ	おむすび
ニシメ	煮しめ

ハレ旅会話

ハワイ
英語

BEAUTY

- P.132 ホテルスパ
- P.136 ロミロミ

基本フレーズ

予約必須のサロンがほとんどなのでまずは予約から。
きれいになるために不可欠なフレーズをご紹介。

予約に関するフレーズ

**2人分の予約を
お願いします。**
アイド ライク トゥ メイク ア リザヴェイション
I'd like to make a reservation
フォー トゥー ピープル
for two people.

**女性のセラピストが
いいです。**
アイド ライク ア フィメイル
I'd like a female
セラピスト プリーズ
therapist, please.

**時間はどれくらい
かかりますか?**
ハウ ロング ウィル ジス
How long will this
トリートメント ラスト
treatment last?

当日に関するフレーズ

ちょっと痛いです。
アイム ア リトル ソア
I'm a little sore.

予約した佐藤晴子です。
アイ ハヴ ア リザヴェイション
I have a reservation.
マイ ネイム イズ ハレコ サトウ
My name is Hareko Sato.

気持ちいいです。
アイム フィーリン グッ
I'm feeling good.

2人同じ部屋で受けられますか？
キャン トゥー ピープル ビー イン ザ セイム ルーム
Can two people be in the same room?

生理中なのですが大丈夫ですか？
イズ イット オール ライ イファィ アム オン マイ メンストルアル サイクル
Is it all right if I am on my menstrual cycle?

全身マッサージとフェイシャルをお願いします。
アィド ライク トゥ ハヴァ フル バディ マサージ アンド フェイシャル
I'd like to have a full body massage and facial.

予約していないのですが、今からできますか？
アィ ドン ハヴァ リザヴェイション バット キャナィ メイク ワン ナウ
I don't have a reservation, but can I make one now?

もう少し強くしてもらえますか？
クッジュー マサージ アリトル ハーダー プリーズ
Could you massage a little harder, please?

トイレに行きたいです。
アィ ウォントゥ ユーズ ザ レストルーム
I want to use the restroom.

BEAUTY / 基本 / ホテルスパ / ロミロミ

sore（ソア）は肩が凝っている場合にも使う。My shoulder is sore. といった具合に。

Hotel Spa Simulation
ホテルスパ
完全シミュレーション

『ホテルスパ』

スパとは本来温泉を持つ保養施設をさすが、現在はマッサージを受けられるサロンをさす。ハワイにはスパを併設したホテルが多く、インテリアや施術などワンランク上のリラクゼーションタイムを提供。ガーデンの中のカバナで施術を受けられるスパも。

予約

予約をお願いします。
キャナイ メイク ア リザヴェイション
Can I make a reservation?

何かご希望はございますか？
エニイ リクエスト
Any request?

女性のセラピストでお願いします。
アィド ライク ア フィメイル セラピスト プリーズ
I'd like a female therapist, please.

コースはどうしますか？
ワッ カインド オブ トリートメント ウッジュー ライク
What kind of treatment would you like?

オイルマッサージをお願いします。
オイル マサージ プリーズ
Oil massage, please.

スパメニュー P.135

受付

こちらに着替えてもらえますか？
クッジュー プット オン ジス ロウブ プリーズ
Could you put on this robe, please?

更衣室はあちらです。
ザ チェインジン ルーム イズ オウヴァ ゼア
The changing room is over there.

着替えたら（準備できたら）呼んでください。
プリーズ レッミー ノウ ウェン ユー アー レディ
Please let me know when you are ready.

受付

施術

着替え終わりました。
アイム ダン チェインジン
I'm done changing.

ベッドに 横 になってください。
プリーズ ライ ダウン オン ザ ベッド
Please lie down on the bed.

フェイシン アップ
facing up あおむけ ｜ フェイシン ダウン
facing down うつぶせ

いかがですか？
アー ユー オール ライ
Are you all right?

少し寒い（暑い）です。
アイム ア リトル コウルド（ホッ）
I'm a little cold (hot).

ちょっと痛いです。
アイム ア リトル ソア
I'm a little sore.

もう少し強く（弱く）してもらえますか？
クッジュー マサージ
Could you massage
ア リトル ハーダー（ソフター）プリーズ
a little harder (softer), please?

ちょうどいいです。
ザッツ グッ
That's good.

ここ（そこ）は触らないでください。
プリーズ ドン タッチ ヒア （ゼア）
Please don't touch here (there).

水をもらえますか？
クッド アィ ハヴ サム ウォータ
Could I have some water?

トイレに行きたいです。
アィ ウォントゥ ユーズ ザ レストルーム
I want to use the restroom.

BEAUTY / 基本 / ホテルスパ / ロミロミ

ハワイ到着初日に施術を受けるとフライトの疲れも取れて快適！ネットで事前予約できるところも多い。

133

会計

全部で$150です。
ザ　トータル　イズ　ワンハンドレッドフィフティダラーズ
The total is　$150.

サービス料は含まれていますか?
ダズ　イット　インクルード　ザ　サービス　フィー
Does it include the service fee?

サービス料が含まれていない場合は15％程度のチップを加算して払う。

はい、含まれています。／いいえ、含まれていません。
イエス　イット　ダズ　　　　　ノー　イット　ダズント
Yes, it does.　　　　　**No, it doesn't.**

カードでお願いします。
アイド　ライク　トゥ　ペイ
I'd like to pay
ウィズ　ア　クレディット　カード
with a credit card.

ここのケア用品を
買うことができますか?
キャナイ　バイ　ユア　プロダクツ
Can I buy your products?

レセプションデスクで買えます。
ユー　キャン　バイ　ゼム　アット　ザ　レセプション　デスク
You can buy them at the reception desk.

ありがとうございました。
とてもリフレッシュできました。
サンキュー　ソー　マッチ　イットワズ　ヴェリイ　リフレッシン
Thank you so much. It was very refreshing.

ハワイに来たら、必ずまた来ますね。
アイル　ディフィニトリイ　カム　バック　ネクス　タイム
I'll definitely come back next time
アイム　イン　ハワイ
I'm in Hawaii.

家族や友人と一緒に受けられるカップルルームもある。

ハワイ産の花を使ったオイルやクリーム。

贅沢に体を労わる
ハワイで受けられるスパメニュー *Catalog*

ハワイのスパの代表的メニュー

ロミロミ・マッサージ **Lomilomi Massage**	ハワイの伝統を受け継ぐマッサージがこれ。セラピストが手や肘などを使い、体の奥を刺激し血流をよくしてくれる。
ストーン・マッサージ **Stone Massage**	温めた石を体のツボにあて血流をよくして、体のトラブルを改善するメニュー。体のエネルギーも整えることができるそう。
指圧 **Shiatsu**	日本発祥のトリートメント。手を使いツボを刺激し、体の不調を整えていく。ハワイでもとても人気が高く、shiatsuの名がつく。
オイル・マッサージ **Oil Massage**	たっぷりのトリートメントオイルを使用して体全体を丁寧に揉みほぐしていく。香りの効果(→P.138)も期待される。
リフレクソロジー **Reflexology**	手足の反射区を刺激すると、それに呼応した体の部分の不調が緩和されるというもの。足裏マッサージとして日本やアジアで親しまれる。
タイ古式マッサージ **Thai Massage**	長い歴史を持つタイの伝統にのっとったマッサージ。体をのばしたりと、ストレッチの要素も入り、体全体のコリをほぐしていく。
ボディ・スクラブ **Body Scrub**	天然の塩や薬草などを肌に練りこむように擦り付け、古い角質を取り除くことで肌をなめらかにしてくれる。肌が弱い人は相談を。
ピーリング **Peeling**	なんらかの力を加えて角質を取り除きターンオーバーを正常化させることを目的にした施術。医学的な療法もある。

チップを現金で渡すときは、施術用に着替えるバスローブにあらかじめ入れておくとスマート。

Lomi Lomi Simulation
ロミロミ
完全シミュレーション

What is 『ロミロミ』

ロミロミとはハワイ語で「揉む」という意味。古代ハワイの治療から発祥したロミロミと呼ばれるマッサージでは、セラピストが手のひらや腕などを使い、丁寧に体を揉みほぐしてくれる。日本語ができるセラピストもいるので、ハワイを訪れたら気軽に体験したい。

施術

施術の時間はどれくらいかかりますか?
ハウ ロング ダズ イットテイク
How long does it take?

アロマオイルはオプションで選べるところが多い。

約1時間です。
イットテイクス アバウト ワン ナワー
It takes about one hour.

アロマオイルは何にしますか?
ワッ カインド オブ オイル ドゥ ユー ライク
What kind of oil do you like?

プルメリアの香りが好きです。
アイライク ザ スメル オブ プルメリア
I like the smell of plumeria.

カタログ
P.138

体に何かトラブルはありますか?
アー ユー ハヴィン エニイ プロブレムズ トゥデイ
Are you having any problems today?

アレルギーがあります。
アイ ハヴ アン アラジイ
I have an allergy.

背中が痛いです。
マイ バック イズ ソア
My back is sore.

肩が凝っています。
マイ ショウルダ イズ ソア
My shoulder is sore.

施術

肌が弱いです。
アィ ハヴ センシティヴ スキン
I have sensitive skin.

肌が乾燥しています。
アィ ハヴ ドライ スキン
I have dry skin.

少し **強い** です。
イットイズ ア リトル ストロング
It is a little strong.

| ウィーク weak 弱い | ティックリッシュ ticklish くすぐったい | ソア sore 痛い |

気持ちいいです。
アィム フィーリング グッ
I'm feeling good.

眠ってもいいですか？
メイ アィスリープ デュアリング トリートメント
May I sleep during treatment?

はい。どうぞおやすみください。
イエス ブリーズ リラックス
Yes. Please relax.

施術後

施術後に注意することはありますか？
ハウ キャナイ テイク ケア オブ
How can I take care of
マイ バディ アフター ザ トリートメント
my body after the treatment?

リンパの流れがよくなっているので
水をたくさん飲んでください。
ブリーズ ドリンク ア ロット オブ ウォータ
Please drink a lot of water,
ビコーズ ユア フロウ オブ リンフ
because your flow of lymph
ハズ ビカム ベター
has become better.

今日はゆっくり休んでください。
ブリーズ リラックス フォー ザ レスト オブ ザ デイ
Please relax for the rest of the day.

Pohaku（ポハク）という温めた石を使うマッサージもハワイ独特のエステメニュー。

> いい匂い！
> ナイス スメル
> Nice smell!

アロマオイルにも使用

エステで使われる植物成分 *Catalog*

power of nature

ハワイの植物成分を配合したコスメも多数。ハワイの自然の恵みをいただいちゃおう。

Hawaiian plants and Tropical flowers

古代からハワイの人々は自然の植物たちを大事にして生きてきた。今もハワイの太陽の下で育まれた植物はコスメやアロマオイルなどに使われ、美容と健康にこだわりを持つ女性たちから愛されている。

ハワイの素材を使ったコスメ、フレグランスをおみやげに。

プルメリア
plumeria

インドでは聖人に捧げられた聖なる花。落ち込んだ気持ちを癒し、心に多幸感を与えてくれるといわれている。冷えの解消も期待され、女性的な魅力をアップさせるとか。

ハイビスカス
hibiscus

ハイビスカスのエキスは保湿成分があり、美白も期待されることからスキンケアによく使われている。またビタミンCやクエン酸を含み、健康にもよいことからお茶として飲むのもGOOD。

ピカケ
pikake

一般的にはジャスミンの名で知られるモクセイ科の花。その香りは、自信を取り戻し多幸感を与えてくれるとか。生理痛、乾燥肌、敏感肌にもよいといわれている。

イリマ
ilima

オアフ島の島花。ハワイにはOLA NO I KA PUA O KA 'ILIMA（イリマの花には治癒力がある）ということわざがあり、昔は薬草としても使用された。香りは幸福感を与えてくれる。

ノニ
noni
抗酸化作用があるとされ、肌の乾燥を防いでくれる。皮下脂肪に働きかけると同時に自律神経を整えることで過食を防ぐともいわれている。ノニの成分を含んだローションやソープもある。

パイナップル
pineapple
ビタミンCを含み、老化防止にいい抗酸化作用があるとされるほか、美白も期待される。アロマオイルにした場合はリラックス効果を与えてくれるとされている。

マイレ
maile
キョウチクトウ科の蔦植物でレイにも使われる。かつてはヘイアウにも飾られた神聖な植物だ。森林のような香りは心身をリラックスさせてくれ、フレグランスとしても人気。

ココナッツ
coconut
すぐに栄養になって太りにくい中鎖脂肪酸に分類されるココナッツオイルは、コレステロール値を下げ、ダイエットや美白にもいい万能選手として人気が高い。

マンゴー
mango
βカロテン、ビタミンC、クエン酸などのほか、造血作用のある葉酸も含むことから貧血にもいい。アロマオイルとして使用するとトロピカルな香りが気持ちを上げてくれる。

リリコイ
lilikoi
パッションフルーツの名でも知られ、その香りはみずみずしく爽やかで、リラックス効果や安眠効果があるといわれている。そのエキスには美肌効果があるとされコスメにも使用される。

ハワイはナチュラル系コスメ天国

ワイキキやアラモアナにはナチュラルコスメを取り扱うショップが多くある。ローカルブランドからヨーロッパのブランドまで品揃えも幅広く、その多くが自然の植物を原材料にしている。オーガニックを中心にナチュラル系コスメが多い。

コスメは使っている素材をしっかりチェックして購入したい。

植物成分を配合したオーガニックコスメは、肌本来が持つ自然治癒力をサポートしてくれる。

☀ ハレ's advice 「楽コワ」ハワイのドライブ

ハワイで運転するときに最も注意したいのが右折と左折。右折時に、信号が赤でも一時停止して曲がれる場合と、青にならないと右折できない交差点があるから、標識をよく確認しよう。日本と違って、左折が先で直進が後だからびっくりしないでね。

道路標識をチェック！

RIGHT TURN ON RED AFTER STOP
一時停止して右折
EXCEPT FROM RIGHT LANE AFTER STOP
右車線は一時停止して右折

NO TURN ON RED
赤信号時は右折不可

SPEED LIMIT 55
55kmではなく55mile。88.5kmのこと

WEST, EAST
方向が書かれている。日本のように○○方面の表記ではない

YIELD
優先道路あり、ゆずれの意味

BUMP
隆起あり、速度落とせ

ハレ旅会話

ハワイ
英語

STAY

- P.144 ホテル
- P.152 コンドミニアム
- P.158 ホテルトラブル

基本フレーズ

遊び疲れた体をゆっくり休めるためには、快適なホテルが重要な鍵。
何かリクエストがあったらしっかりと伝えよう。

チェックイン、チェックアウトに関するフレーズ

チェックインは何時ですか?
ワッ タイム イズ チェック イン
What time is check-in?

チェックアウトをお願いします。
アイド ライク トゥ チェック アウト
I'd like to check out.

荷物を預かってもらえますか?
ウッ ジュー プリーズ キープ マイ バゲジ
Would you please keep my baggage?

空港までのタクシーを呼んでください。
プリーズ コール ア タクシー フォー ミー トゥ ジ エアポート
Please call a taxi for me to the airport.

緊急フレーズ

部屋に鍵を置いてきてしまいました。
アイ レフト ザ キー イン マイ ルーム
I left the key in my room.

お湯が出ません。
ゼア イズント エニイ ホッ ウォータ イン マイ ルーム
There isn't any hot water in my room.

部屋の掃除がされていません。
マイ ルーム イズント クリーンド アップ
My room isn't cleaned up.

滞在に関するフレーズ

部屋に入らないでください。
Don't disturb.

掃除をしてください。
Please clean my room.

タオルを交換してもらえますか?
Can I have new towels?

アイロンを貸してもらえますか?
Can I borrow an iron?

朝6時40分にモーニングコールをしてください。
Please give me a wake-up call at 6:40 in the morning.

ディスポーザーが壊れています。
The disposal doesn't work.

トイレの水が流れません。
The toilet doesn't flush.

コンロがつきません。
The stove doesn't work.

日本語スタッフを呼ぶときは「ジャパニーズ スピーキング スタッフ、プリーズ（Japanese speaking staff, please.）」と。

Hotel Simulation
ホテル
完全シミュレーション

What is 『ホテル』

オアフ島のワイキキにハワイ州最古のホテル「モアナ サーフライダー」が建てられたのは1901年のこと。以降、ハワイを訪れる人々のために、いくつものホテルが造られた。リゾートならではのゆったりとした空気が流れ、家庭的なホスピタリティを受けられる。

チェックイン

チェックインをお願いします。
チェック イン プリーズ
Check-in, please.

予約した佐藤晴子です。
アイ ハヴ リザヴェイションズ
I have reservations.
マイ ネイム イズ ハレコ サトウ
My name is Hareko Sato.

チェックインは何時ですか？
ワット タイム イズ チェック イン
What time is check-in?

2時からです。
フロム トゥー オクロック
From 2 o'clock.

それまで荷物を預かってもらえますか？
キャン ニュー キープ マイ ラゲジ アンティル ゼン
Can you keep my luggage until then?

もちろんです。
シュア
Sure.

チェックアウトは何時ですか？
ワット タイム イズ チェックアウト
What time is checkout?

12時です。
トゥエルヴ オクロック
Twelve o'clock.

チェックイン

眺めのいい部屋をお願いします。
アイドライク ア ルーム ウィズ ア ナイス ヴュー
I'd like a room with a nice view.

アン オウシャン フロント
an ocean front　オーシャンフロントの

アン オウシャン ヴュー
an ocean view　オーシャンビューの

ア パーシャル オウシャン ヴュー
a partial ocean view　パーシャルオーシャンビューの

ア シティ ヴュー
a city view　シティビューの

ア マウンテン ヴュー
a mountain view　マウンテンビューの

荷物を部屋に運んでください。
クッジュー ブリング マイ ラゲジ トゥ マイ ルーム
Could you bring my luggage to my room?

日本語のサービスデスクはありますか？
ドゥ ユー ハヴァ コンシェルジュ デスク
Do you have a concierge desk
フォー ジャパニーズ ゲスツ
for Japanese guests?

朝食は何時に食べられますか？
ワッ タイム イズ ブレックファスト
What time is breakfast?

ビーチタオルはどこで借りられますか？
ウェア キャナイゲット ビーチ タウェルズ
Where can I get beach towels?

利用する

部屋のセーフティボックスをお使いください。
プリーズ ユーズ ザ セイフ イン ユア ルーム
Please use the safe in your room.

無料のWi-Fiはありますか？
ドゥ ユー ハヴ フリー ワイファイ
Do you have free Wi-Fi?

ハワイはほとんどの
ホテルでインターネット
環境が整っている。

部屋で使えます。
パスワードはこちらです。
ユー キャン ユーズ イッ イン ユア ルーム
You can use it in your room.
ヒアズ ザ パスワード
Here's the password.

リゾートフィーという料金を導入するホテルでは、Wi-Fiなどが無料で利用できる。

STAY / 基本 / ホテル / コンドミニアム / ホテルトラブル

パーキング

 駐車場を使いたいのです。
アイド ライク トゥ パーク マイ カー
I'd like to park my car.

○○通りに入口があります。
ジ エントランス イズ オン ○○ ストリート
The entrance is on ○○ street.

 駐車料金はいくらですか?
ハウ マッチ ダズ パーキング コスト
How much does parking cost?

自分で駐車するセルフパーキング (self parking) とスタッフに駐車してもらう valet parking がある。

1日$30です。
サーティ ダラーズ ア デイ
$30 a day.

 チェックアウトの時に払えますか?
キャナイ ペイ イット ウェン アイ チェック アウト
Can I pay it when I check out?

はい。パーキングのスタッフに伝えてください。
イエス プリーズ テル ザ パーキング スタッフ
Yes. Please tell the parking staff.

 プール・ビーチ

 プール用のタオルを貸してください。
キャナイ ボロウ ア タウエル フォー ザ プール
Can I borrow a towel for the pool?

カードキーを見せてください。
キャナイ シー ユア ルーム カード プリーズ
Can I see your room card please?

 こちらです。
ヒア
Here.

はい。どうぞ。
オーケイ ヒア ユー アー
OK. Here you are.

プール・ビーチ

ビーチチェアを貸してください。
キャナイ ボロウ ア ビーチ チェア プリーズ
Can I borrow a beach chair, please?

beach umbrella ビーチパラソル
ビーチ アンブレラ
beach mat ビーチマット
ビーチ マット

料金はいくらですか？
ハウ マッチ イズ イット
How much is it?

宿泊者は1日$30です。
イッツ サーティ ダラーズ ア デイ フォー ホテル ゲスツ
It's $30 a day for hotel guests.

17時までに返却してください。
プリーズ リターン ジス バイ ファイヴ オクロック
Please return this by five o'clock.

チェックアウト

チェックアウトをお願いします。
チェック アウト プリーズ
Check out, please.

こちらが明細です。
ジス イズ ユア ビル
This is your bill.

出発するまで荷物を預かってもらえますか？
ウッジュー キープ マイ バゲジ アンティル アイ リーヴ
Would you keep my baggage until I leave?

わかりました。こちらが引換証です。
シュア ヒア イズ ユア ティケット スタブ
Sure. Here is your ticket stub.

タクシーを呼んでください。
クッジュー コール ミー ア タクシー プリーズ
Could you call me a taxi, please?

かしこまりました。少しお待ちください。
シュア ジャスト ア モウメント
Sure. Just a moment.

プールやビーチパラソルの貸し出しはホテル宿泊者専用となっている。

147

ホテル利用
必勝フレーズ

チェックイン＆アウトで利用するホテルのフロント。ロビー階周辺にはゲストが快適に過ごすための設備がいろいろある。

ミニマート
ミニ マート
Mini Mart

軽食やドリンク、洗面用品など滞在に必要なものをいろいろと扱っている。大きなホテルだとコンビニが入っていることも。

小銭に両替してもらえますか？
クッジュー ブレイク ジス プリーズ
Could you break this, please?

水をください。
キャナイ ハヴァ ボトル オブ ウォータ
Can I have a bottle of water?

キャッシャー
キャッシャー
Cashier

清算に関することを担当。両替はこのキャッシャーでお願いしよう。

チェックアウトは何時ですか？
ワッ タイム イズ チェックアウト
What time is checkout?

ロビー
ロビィ
Lobby

チェックインお願いします。
チェックイン プリーズ
Check in, please.

入口
エントランス
Entrance

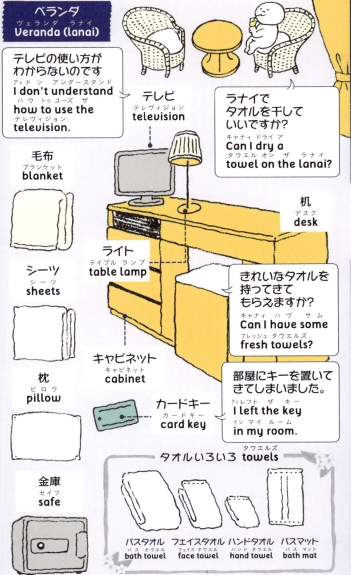

Condominium Simulation
コンドミニアム
完全シミュレーション

『コンドミニアム』

賃貸型の別荘のようなもので、生活する感覚で滞在ができる。ホテル同様、メイドサービスを設けているところもある。キッチンがあるので、ハワイの食材を使って自炊もできる。ワイキキは高層階のコンドミニアム、郊外はヴィラ形式のコンドミニアムが主流だ。

 フロントで

メイドサービスは入りますか？
ドゥ ユー ハヴ
Do you have
エニィ メイド サーヴィス
any maid service?

はい、入ります。
イエス ウィ ドゥ ハヴ メイド サーヴィス
Yes, we do have maid service.
いいえ、入りません。
ノー ウィ ドン ハヴ メイド サーヴィス
No, we don't have maid service.

週何日入りますか？
ハウ メニィ デイズ オブ メイド サーヴィス
How many days of maid service
ウィル ウィ ハヴ デュアリン ザ ウィーク
will we have during the week?

5泊につき1日です。
ワンス エヴリィ ファイヴデイズ
Once every 5 days.

エヴリィ アザー デイ
Every other day. 1日おきです。
ワンス ア ウィーク
Once a week. 週1回です。
エヴリィ デイ
Every day. 毎日です。

 利用する

ランドリーはありますか？
ドゥ ユー ハヴァ ローンドリィ ルーム
Do you have a laundry room?

はい。6階です。
イエス イッツ オン ザ シックスス フロア
Yes. It's on the 6th floor.

ランドリーに両替機はありますか?
イズ ゼア ア コイン チェインジャー
Is there a coin changer
イン ザ ロードリイ ルーム
in the laundry room?

はい、あります。
イエス ゼア イズ
Yes, there is.

洗剤は売っていますか?
ドゥ ユー セル ロードリイ ディタージェント
Do you sell laundry detergent?

日用品やドリンクなどを売るミニマートがあるコンドミニアムも少なくない。

6階のミニマートで買えます。
ユー キャン バイ イット アット ザ シックスス フロア ミニ マート
You can buy it at the 6th floor Mini Mart.

ゴミはどこに捨てればいいですか?
ウェア ドゥアィ スロウ アウェイ ラビッシュ
Where do I throw away rubbish?

廊下のシューターに入れてください。
プリーズ ディスポウズ オブ ユア ラビッシュ
Please dispose of your rubbish
イン ザ ラビッシュ シュート オン ユア フロア
in the rubbish chute, on your floor.

掃除をしてください。
プリーズ クリーン マイ ルーム
Please clean my room.

タオルを交換してください。
プリーズ チェインジ マイ タウエルズ
Please change my towels.

電子レンジが使えません。
ザ マイクロウェイヴ オーヴン ダズン ワーク
The microwave oven doesn't work.

炊飯器を貸してください。
プリーズ レッ ミー ユーズ ア ライス クッカー
Please let me use a rice cooker.

生ゴミはシンクのディスポーザー(disposal)で処理する。ほかのゴミはシューターへ。

ランドリー

洗濯機の使い方を教えてください。
プリーズ ショウ ミー ハウ トゥ ユーズ ザ ウォッシン マシーン
Please show me how to use the washing machine.

ランドリーや乾燥機は25¢硬貨を使うことが多いので準備しておこう。

ここにクォーターを3枚入れ、洗剤を入れてスイッチを押します。
プット スリー クォーターズ ヒア アンド ザ ディタージェント ヒア ゼン プッシュ ザ スウィッチ
Put three quarters here, and the detergent here, then push the switch.

洗剤はどこで買えますか？
ウェア キャナイ バイ ザ ディタージェント
Where can I buy the detergent?

あそこにある自販機で買えますよ。
ユー キャン バイ サム アット ザ ヴェンディング マシーン オウヴァ ゼア
You can buy some at the vending machine over there.

 プール

プール を使いたいのですが。
アイド ライク トゥ ユーズ ザ プール
I'd like to use the pool.

| gym ジム | business center ビジネスセンター |

9時〜18時まで使えます。カードキーでゲートを開けてください。
ユー キャン ユーズ ザ プール フロム ナイン トゥ シックス
You can use the pool from nine to six.
プリーズ オウプン ザ ゲイト ウィズ ユア カードキー
Please open the gate with your card key.

専用のタオルはありますか？
アー ゼア タウエルズ フォー ザ プール
Are there towels for the pool?

ありません。部屋のタオルを使ってください。
ノー プリーズ ユーズ ザ ルーム タウエルズ
No. Please use the room towels.

BBQグリルは使えますか?
キャナイ ユーズ ザ バーベキュー グリル
Can I use the barbecue grill?

滞在者用に屋外にBBQエリアを設けているコンドミニアムもある。

ご自由に利用できます。
イエス プリーズ フィール フリー トゥ ユーズ イット
Yes, please feel free to use it.

使い方を教えてください。
ウッジュー ショウ ミー ハウ トゥ ユーズ イット
Would you show me how to use it?

コインを$2分入れて、スイッチを入れると使えます。
プット イン トゥー ダラーズ ワース オブ コインズ
Put in $2 worth of coins,
アン ゼン プッシュ ザ スウィッチ
and then push the switch.

ゴミはどうすればいいですか?
ワッ シュド アイ ドゥ ウィズ マイ ガーベッジ
What should I do with my garbage?

ゴミ箱に捨ててください。
プリーズ プット トラッシュ イン ザ ガーベッジ シュート
Please put trash in the garbage chute.

ビンと缶はシューター前に置いてください。
リーヴ グラッシィズ アン キャンズ
Leave glasses and cans
イン フロント オブ ザ ガーベッジ シュート
in front of the garbage chute.

一番近いスーパーはどこですか?
ウェア イズ ザ クローセスト スーパーマーケット
Where is the closest supermarket?

エントランスを出て海側に1ブロック歩くとありますよ。
ウォーク ワン ブロック トゥワーズ
Walk one block towards
ジ オウシャン アフター ユー エグジット
the ocean, after you exit.

居住者用コンドミニアムは、プールなど施設が使える時間は決められている。

STAY / 基本 / ホテル / コンドミニアム / トラブル

ホテルトラブル
完全シミュレーション

『ホテルトラブル』

大きなトラブルではなくとも、アメニティが足りない、カギをなくした、インロックしてしまったなど、滞在中にも困ったことは起こるもの。そんなときは即座にフロントへ連絡を。隣室の騒音がひどい場合は、部屋を替えてもらえないか申し出たほうがいい。

 電話する

どうしましたか?
メイ アイ ヘルプ ユー
May I help you?

ベッド2台の部屋をお願いしたはずなのですが。
アイ リクエステッド ア ルーム ウィズ トゥー ベッズ
I requested a room with two beds.

部屋の掃除がされていません。
マイ ルーム イズン クリーンド アップ
My room isn't cleaned up.

きれいなタオルをもらえますか?
クッド ウィ ハヴ サム フレッシュ タウエルズ
Could we have some fresh towels?

お湯が出ません。
ゼア イズン エニイ ホッ ウォータ イン マイ ルーム
There isn't any hot water in my room.

エアコンがつきません。
ジ エア コンディショナー ダズン ワーク
The air conditioner doesn't work.

トイレの水が流れません。
ザ トイレット ダズン フラッシュ
The toilet doesn't flush.

トイレに関するトラブルは早めに連絡を。水浸しになったりすると下の階にも影響が出る。

トイレが詰まっています。
ザ トイレット イズ ブロックト
The toilet is blocked.

電話する

毛布をもう1枚貸してください。
キャナイ ハヴ アナザー ブランケット
Can I have another blanket?

製氷機はどこにありますか？
ウェア キャナイ ファインド アン アイス マシーン
Where can I find an ice machine?

コーヒーメーカーを壊してしまったようなのですが。
アイム アフレイド アイ ブロウク ザ カフィー マシーン イン マイ ルーム
I'm afraid I broke the coffee machine in my room.

トイレットペーパーを持ってきてください。
プリーズ ブリング ミー サム トイレット ペイパー
Please bring me some **toilet paper**.

タウエルズ towels タオル	シャンプー shampoo シャンプー
ホッ ウォータ hot water お湯	ソウプ soap 石けん

すぐに誰か寄こしてください。
プリーズ センド サムワン イミーディエトリィ
Please send someone immediately.

できるだけ早く伺います。
サムワン ウィル ビー ゼア アズ スーン アズ パッシブル
Someone will be there as soon as possible.

 フロントで

鍵をなくしてしまいました。
アイ ロスト マイ ルーム キー
I lost my room key.

部屋に鍵を置いてきてしまいました。
アイ レフト ザ キー イン マイ ルーム
I left the key in my room.

 チェックアウト

これは何の料金ですか？
ワッ イズ ジス チャージ フォー
What is this charge for?

電話は使っていません。
アイ ディドン メイク エニィ フォウン コールズ
I didn't make any phone calls.

どこに問い合わせればいいかわからなければ、まずは電話の「0」を押してオペレーターへ。

STAY / 基本 / ホテル / コンドミニアム / ホテルトラブル

159

ハレ's advice　日本語英語に気をつけよう！

chickenって俗語で臆病者って意味。だから、I'm chicken は「私は臆病者です」って言ってることになっちゃうんだ。正しくは、「Chicken, please.」「Coffee, please.」「M size, please.」というように、自分が伝えたいことに please をつけて伝えよう。

フレーズ　日本語 ≠ 英語

ウッソー！
Don't tell a lie.
（詐欺師じゃないの的な意味もある）
↓
No kidding.
（冗談言うなよ的な言い方）

いいね！
It's OK!
（まあまあかな）
↓
It's great! It's amazing!
（すばらしい！っていう感じ）

薬を飲みます
drink medicine
ごくごく飲む的な感じ
↓
take medicine
ふつうに服用

単語　日本語 ≠ 英語

アルバイト	→ part-time job
ウエストバッグ	→ fanny pack
エアコン	→ air conditioner
オープンカー	→ convertible car
ガソリンスタンド	→ gas station
キーホルダー	→ key ring, key chain
ソフトクリーム	→ soft serve
(ホテルの)フロント	→ front desk, reception
マンツーマン	→ one-on-one, one-to-one
(電子)レンジ	→ microwave (oven)

ハレ旅会話

ハワイ
英語

TRAVEL

- P.162 機内・空港
- P.168 空港から市内へ
- P.170 ザ・バス
- P.172 ワイキキトロリー
- P.174 レンタカー
- P.180 タクシー
- P.182 郵便局
- P.184 Wi-Fiレンタル
- P.186 両替
- P.188 緊急フレーズ

機内

完全シミュレーション

機内

（航空券を見せながら）わたしの席はどこですか？
Where is my seat?
ウェア イズ マイ シート

荷物を上げてください。
Could you help me put my baggage up in the overhead bin?
クッジュー ヘルプ ミー プット マイ バゲジ アップ イン ザ オウヴァヘッド ビン

トイレはどこですか？
Where is the bathroom?
ウェア イズ ザ バスルーム

毛布をください。
Please give me a blanket.
プリーズ ギヴ ミー ア ブランケット

| pillow 枕 | magazine 雑誌 | newspaper 新聞 |
ピロウ　　　マガジーン　　　　ニューズペイパー

headset ヘッドフォン
ヘッドセット

寒い（暑い）です。
It's cold (hot).
イッツ コウルド（ホッ）

気持ち悪いのですが。
I have motion sickness.
アイ ハヴ モウシン シックネス

席を替えてもらえますか？
Can I change seats?
キャナイ チェインジ シーツ

食事になっても起こさないでください。
Please don't wake me up for meals.
プリーズ ドン ウェイク ミー アップ フォー ミールズ

機内

食事をもらえますか？
キャナイ ハヴ マイ ミール プリーズ
Can I have my meal, please?

オレンジジュースをください。
キャナイ ハヴ オレンジ ジュース
Can I have orange juice?

コウク	グリーン ティー	ウォータ
coke コーラ	green tea 緑茶	water 水

ピア	ワイン
beer ビール	wine ワイン

コーヒーをください。
キャナイ ハヴ サム カフィー プリーズ
Can I have some coffee, please?

カフィー ウィズ ミルク シュガー
coffee with milk (sugar) ミルク(砂糖)入り

下げてください。
プリーズ テイク ジス アウェイ
Please take this away.

これください。
アイド ライクトゥ ハヴ ジス プリーズ
I'd like to have this, please.

カタログを見せて

現金で払います。
アイル ペイ キャッシュ
I'll pay cash.

すみません。ここは私の席だと思うのですが。
イクスキューズ ミー ユー アー インマイ シート
Excuse me. You are in my seat.

（後ろの人に）椅子を倒してもいいですか？
メイ アイ ムーヴ マイ シート バック
May I move my seat back?

機内アナウンス

シートベルトを着用してください。
プリーズ ファスン ユア シート ベルト
Please fasten your seat belt.

座席にお座りください。
プリーズ シッ ダウン
Please sit down.

座席を(テーブルを)元の位置に戻してください。
プリーズ プット ユア シート (テイブル) バック
Please put your seat (table) back.

アメリカ系の航空会社はアルコール飲料が有料。日本円かUSドルで支払う。

空港(入国)

完全シミュレーション

❖ 入国カードとパスポートを用意 ❖

㋐入国審査

パスポートを見せてください。
パスポート プリーズ
Passport, please.

入国の目的は何ですか?
ワッ イズ ザ パーパス オブ ユア ヴィジッ
What is the purpose of your visit?

観光です。
サイトシーイン
Sightseeing.

滞在は何日ですか?
ハウ ロング ウィル ユー ビー ステイン
How long will you be staying?

6日間です。
シックス デイズ
6 days.

| ファイヴ デイズ 5 days 5日間 | ワン ウィーク One week 1週間 | ワン マンス One month 1カ月 |

ここにまず右手の親指、
次に残りの指を乗せてください。
プット ユア ライト サム ヒア
Put your right thumb here,
ゼン ジ アザー フィンガーズ
then the other fingers.

アメリカ入国では指紋のチェックと顔のチェックがある。

こちらのカメラを見てください。
ルック アット ジス キャメラ
Look at this camera.

㋑荷物受取

カートはどこにありますか?
ウェア キャナイ ファインド ア バゲジ カート
Where can I find a baggage cart?

TRAVEL

荷物受取

預け入れ荷物はどこで受け取れますか?
ウェア キャナイ ピック アップ マイ バゲジ
Where can I pick up my baggage?

わたしの荷物が見当たりません。
アイ キャント ファインド マイ バゲジ
I can't find my baggage.

引換証を見せてください。
ショウ ミー ユア バゲジ クレイム
Show me your baggage claim.

見つかり次第ホテルに届けてもらえますか?
ウィル ユー デリヴァー イット トゥ マイ ホテル ウェン イッツ ファウンド
Will you deliver it to my hotel when it's found?

スーツケースが破損しています。
マイ スーツケイス イズ ダミッジド
My suitcase is damaged.

通常は税関(Customs)で検査員に渡すが、2019年11月現在、ダニエル・K・イノウエ空港では、入国審査(Immigration)の際に回収されている。

税関検査

これは何ですか?
ワッツ アー ジーズ
What are these?

友人へのみやげです。
ジーズ アー ギフツ フォー マイ フレンズ
These are gifts for my friends.

日本のお菓子です。
ジーズ アー ジャパニーズ スナックス
These are Japanese snacks.

どこから外に出ればいいですか?
ウェア シュド アイ エグジット
Where should I exit?

タクシー乗り場はどこですか?
ウェア キャナイ ゲット ア タクシー
Where can I get a taxi?

機内・空港 / 空港→市内へ / ザ・バス / ワイキキトロリー / レンタカー / タクシー / 郵便局 / Wi-Fiレンタル / 両替 / 緊急 / 数字・曜日 / 季節・月 / 時期・時間

隣島へ行く場合は税関審査後カウンターで「Transit」と伝えて荷物を預けよう。

空港(出国)

完全シミュレーション

🌸 まずはチェックインカウンターでeチケットとパスポートを提示 🌸

チェックイン

窓側(通路側)の席がいいのですが。
アイド ライク トゥ ハヴァ ウィンドウ (アン アイル) シート
I'd like to have a window (an isle) seat.

友達と隣合わせにしてください。
アイド ライク トゥ シット ネクスト トゥ マイ フレンド プリーズ
I'd like to sit next to my friend, please.

出発まで時間がありません!
アイ ドン ハヴ タイム マイ フライト イズ リーヴィン スーン
I don't have time. My flight is leaving soon!

ほかの便に変えたいのですが。
アイド ライク トゥ チェインジ マイ フライト
I'd like to change my flight.

定刻に出発しますか?
イズ ジス フライト リーヴィン オン タイム
Is this flight leaving on time?

どのくらい遅れますか?
ハウ レイト ウィルイット ビー
How late will it be?

荷物を預ける

電気製品(コンピューター)やスプレーは入っていませんか?
ドゥ ユー ハヴ エニイ エレクトロニクス オア エニシン
Do you have any electronics or anything
コンテイニング フラマブル ギャスイン ユア ラゲジ
containing flammable gas in your luggage?

割れ物が入っています。
ゼ ア ラー フラジャイル アイテムズ インサイド
There are fragile items inside.

入っていません。
ゼ ア ラー ノー フラジャイル アイテムズ インサイド
There are no fragile items inside.

166

荷物を預ける

フラジャイルシールを貼ってください。
プリーズ プット ア フラジャイル スティッカー オン ザ ラゲジ
Please put a fragile sticker on the luggage.

これは持ち込めません。
ユー キャント キャリイ ジス バッグ オン ボード
You can't carry this bag on board.

一度荷物を出してもいいですか?
キャナイ オウプン マイ ラゲジ
Can I open my luggage?

超過料金が必要です。
ザット コスツ エクストラ
That costs extra.

預け入れ荷物の重量制限

JAL、ANA	23kg×2個まで無料	※2019年12月時点。エコノミークラスの場合。最新規定や超過料金については各航空会社に問い合わせを。
デルタ	23kg×2個まで無料	
大韓航空	23kg×2個まで無料	
ハワイアン	23kg×2個まで無料	

いくらですか?
ハウ マッチ イズイット
How much is it?

(搭乗券を見せて)このゲートはどこですか?
ウェア イズ ジス ゲイト
Where is this gate?

免税店はどこですか?
ウェア イズ ザ デューティ フリー ショップ
Where is the duty-free shop?

◀ 空港アナウンス

ご案内いたします。日本航空100便成田行きのお客様は、ただ今より搭乗を開始いたします。
アテンション プリーズ ディパーティン パッセンジャーズ オン
Attention please. Departing passengers on
ジャパン エアラインズ フライト ワンハンドレッド フォー ナリタ アー ナウ ボーディン
Japan Airlines flight １００ for Narita are now boarding.

液体 liquid やクリーム cream は持ち込める量が決まっているので注意。

空港から市内へ

完全シミュレーション

What is 『空港からのアクセス』

空港からワイキキへは20〜30分。移動の手段として利用者の宿泊ホテルを巡ってくれるスピーディシャトル（予約不要）、レンタカー、タクシーが一般的。またタクシーの中には$29の定額で運んでくれるチャーリーズ・タクシー（定額制は要予約）などもある。

空港

ワイキキ行きのシャトルはどこから乗れますか？
ウェア キャナイ テイク ザ シャトル バス トゥ ワイキキ
Where can I take the shuttle bus to Waikiki?

横断歩道を渡って右へ行ってください。
クロス ザ ストリート アンド ゴー トゥ ザ ライト
Cross the street and go to the right.

○○ホテルに行きたいのですが、いくらですか？
アイド ライク トゥ ゴー トゥ ○○ ホウテル ハウ マッチ ウィル イット ビー
I'd like to go to ○○ Hotel. How much will it be?

1人$18です。
イッツ エイティーンダラーズ パー パーソン
It's $18 per person.

お金はどこで払えばいいですか？
ウェア キャナイ ペイ
Where can I pay?

ここで払ってください。
ユー キャン ペイ ヒア
You can pay here.

ドライバーに直接払ってください。
ユー キャン ペイ ザ ドライヴァ
You can pay the driver.

○○ホテルまでどれくらいかかりますか？
ハウ ロング ダズ イット テイク トゥ ○○ ホウテル
How long does it take to ○○ Hotel?

○○ホテルは3番目に停まるので約40分です。
○○ Hotel is our third stop, so it'll take about 40 minutes.

ホテルから空港までのシャトルバスを予約したいのですが。
I'd like to book a seat for the shuttle bus to the airport.

こちらで承ります。何時のフライトですか?
I'll book it for you. What time is your flight?

どこに座ってもいいですか?
Can I sit anywhere?

はい、いいですよ。
Yes, you can.

タクシーはどこから乗ればいいですか?
Where can I get a taxi?

ここをまっすぐ行って配車係にホテル名を言ってください。
Go straight here and tell the dispatcher where you're staying.

レンタカーのシャトルバスはどこで乗れますか?
Where can I get the shuttle bus to the rent-a-car?

横断歩道を渡ったところで、シャトルバスを待ってください。
Cross the street and wait for the shuttle bus.

空港から市内へはザ・バスの便もあるが、大きな荷物は持ち込めないので注意。

ザ・バス

完全シミュレーション

What is 『ザ・バス』

110以上の路線を持ちオアフ島内をつないでいるので、観光にも便利なザ・バス。島内一律料金で料金は先払い。1日に2回以上バスに乗るならワンデイ・パスを買うのがお得。2回分の金額で1日乗り放題になる。バスはザ・バスのドライバーから乗車前に購入しよう。

 バス

 ○番のバス停はどこでしょうか?
クッジュー テル ミー ウェア ザ バス ストップ フォー ナンバー○ バス イズ
Could you tell me where the bus stop for #○ bus is?

ここはアラモアナ方面行きのバス停で合ってますか?
イズ ジス ザ ライト ダイレクション フォー ザ バシイズ トゥワーズ アラモアナ
Is this the right direction for the buses towards Ala Moana?

はい、そうですよ。
イエス イットイズ
Yes, it is.

いいえ、反対側ですよ。
ノー イッツ ジ オポジット サイド
No, it's the opposite side.

バスはどのくらいの頻度で来ますか?
ドゥ ユー ノウ ハウ オフン ザ バス カムズ
Do you know how often the bus comes?

たぶん10分に1本ぐらいだと思います。
アイ シンク イッツ アバウト エヴリ テン ミニッツ
I think it's about every 10 minutes.

 乗車

料金はどこに入れればいいですか?
ウェア ドゥ アイ プット ザ マニィ
Where do I put the money?

お釣りが出ないのでぴったりで準備を。

ここに入れてください。
プリーズ プット イット イン ヒア
Please put it in here.

乗車

◇◇◇◇で降りたいので、着いたら教えてください。
プリーズ テル ミー ウェン ウィ トゥ ゲット オフ フォー
Please tell me when we to get off for ◇◇◇◇.

わかりました。
オーケイ
Okay.

◇◇◇◇に着きましたよ!
ジス イズ
This is ◇◇◇◇!

ザ・バスで降りる合図は降車ボタンを押すか、窓際の降車ロープを引く。

下車

ありがとう。次、降ります。
サンキュー アイウィル ゲット オフ アット ザ ネクス ストップ
Thank you. I will get off at the next stop.

(乗り換える場合)◎◎◎◎へ行きたいのですが。
アイ ウォントゥ ゴートゥ
I want to go to ◎◎◎◎.

このバスは行きません。アラモアナセンターで◆番バスに乗り換えてください。
ジス バス ダズ ノット ゴー ゼア ユー ニード トゥ トランスファートゥ
This bus does not go there. You need to transfer to
ザ ◆ バス アット ジ アラ'モアナ センター
the ◆ bus at the Ala Moana center.

では、ワンデイ・パスをもらえますか?
キャナイ ハヴァ ワン デイ パス プリーズ
Can I have a 1 day pass please?

どうぞ。
ヒア ユー ゴー
Here you go.

このパスで今日1日バスが乗れますか?
キャナイ ゲット オンナ バス バイ ジス パス オールデイ ロング トゥデイ
Can I get on a bus by this pass all day long today?

はい、もちろんです。
イエス ユー キャン
Yes, you can.

郊外に行く路線は急行もあるので、遠出するなら利用するのもいい。

急行バスに乗ることもできます。
ユー キャン ゲット オン ザ エクスプレス バス
You can get on the express bus.

ザ・バスのルートマップがあると便利。最寄バス停などがわかるアプリ版もある。

ワイキキトロリー

完全シミュレーション

What is 『ワイキキトロリー』

ワイキキトロリーはTギャラリア ハワイ by DFSを起点に、コーストラインが楽しめるブルーライン、ダイヤモンド・ヘッドやカハラモールに行くのに便利なグリーンライン、観光名所を巡るレッドライン、アラモアナに行くピンクラインなどがある。お得な乗り放題チケットも。

チケットはどこで買えますか？
ウェア キャナイ バイ ア トロリィ ティケット
Where can I buy a trolley ticket?

Tギャラリアのチケット売り場で買ってください。
ユー キャン バイ ワン アット ザ ティケット ブース イン ティ ギャレリア
You can buy one at the ticket booth in T Galleria.

チケットをもらえますか？
キャナイ ゲット ア ティケット
Can I get a ticket?

それぞれのラインの1日パスと、どのラインにも乗れる1日パスがありますが。
ウッジュー ライク ア ワン デイ バス フォー オール フォー ラインズ
Would you like a 1 Day Pass for all four lines,
オア ア ワン デイ バス フォー イーチ ライン
or a 1 Day Pass for each line?

何分ごとに来ますか？
ハウ オフン ダズ ザ トロリィ ラン
How often does the trolley run?

ラインによって違います。チケット売り場で確認してください。
イット ディペンズ オン ザ ライン
It depends on the line.
プリーズ チェック アット ザ ティケット スタンド
Please check at the ticket stand.

4ラインの1日チケットをもらえますか？
キャナイ ハヴ トゥー ワン デイ パシズ フォー オール フォー ラインズ
Can I have two 1 Day Passes for all four lines?

チケット売り場
乗車

ガイドマップをもらえますか?
キャナイ ハヴァ ガイド マップ
Can I have a guide map?

こんにちは。
ヘロウ
Hello.

カメハメハ大王像に行きますか?
ドゥ ユー ゴートゥ ザ キング カメハメハ スタチュー
Do you go to the King Kamehameha statue?

行きますよ。
イエス ウィ ドゥ
Yes, we do.

それはレッドラインに乗ってください。
ノー ユー シュド テイク ザ レッド ライン
No, you should take the red line.

着いたら教えてもらえますか?
ウィル ユー レッミー ノウ ウェン ウィ ゲット ゼア
Will you let me know when we get there?

わかりました。
オーケイ
Okay.

ここから一番近い乗り場はどこですか?
ウェア イズ ザ ニアレスト ストップ フロム ヒア
Where is the nearest stop from here?

この建物のすぐ外ですよ。
イッツ ライト アウトサイド ジス ビルディン
It's right outside this building.

主なルート 🚌

ピンクライン	ワイキキとアラモアナセンターを結ぶ。買い物を楽しむなら最適な路線。
レッドライン	ホノルルの歴史的名所やダウンタウンを巡る、歴史観光コース。
グリーンライン	自然豊かなダイヤモンド・ヘッド周辺の観光スポットを巡回するルート。
ブルーライン	ワイキキを離れ、オアフ島の東海岸に沿って走るツアーコース。

停留所の案内など車中案内のアナウンスは英語なので、日本語MAPがあると安心。

レンタカー

完全シミュレーション

What is 『レンタカー』

空港にも各レンタカー会社のカウンターはあるが、あらかじめインターネットなどを通じて予約しておいたほうがスムーズ。料金がお得な場合も。海外では思わぬアクシデントもあり、後々の対応も一苦労となりやすいので保険はフルカバーで入っておいたほうが安心。

❀予約している場合❀

 窓口

日本から予約した佐藤晴子です。
これが予約確認書です。
アィ メイド ア リザ ヴェイション イン ジャパン
I made a reservation in Japan.
マイ ネイム イズ ハレコ サトウ アィ ハヴ ザ ヴァウチャー
My name is Hareko Sato. I have the voucher.

ミドルサイズですか?
イズ イット ア ミ ド ル サイズ カー
Is it a middle size car?

1日プラス$10で大きいサイズに変更できますが、
いかがですか?
ウィ キャン アップグレイド ユア カー トゥ ビガー サイズ フォー
We can upgrade your car to bigger size for
アン アディショナル テンダラーズ ウッジュー ライク トゥ ドゥ ザット
an additional $10. Would you like to do that?

いいえ、このままでいいです。
ノー アィム ファイン アズ イット イズ
No, I'm fine as it is.

はい、それでお願いします。
イエス アィド ライク アン アップグレイド プリーズ
Yes, I'd like an upgrade, please.

クレジットカードと免許証を見せてください。
メイ アィ ハヴ ユア クレディット カード アンド ドライヴァズ ライセンス
May I have your credit card and driver's license?

デポジットでクレジットカードが必要。

窓口

保険はどうしますか?
ドゥ ユー ウォント エニィ インシュランス カヴァレッジ
Do you want any insurance coverage?

フルカバーでお願いします。
アィドライク フル カヴァレッジ
I'd like full coverage.

これと、これを付けてください。
プリーズ インクルード ジーズ チャージズ
Please include these charges.

保険の種類
P.177

日本で予約するときに
どの任意保険に入るべき
か、確認しておこう。

ガソリンはどうしますか?
満タン返しと買い取りがあります。
ハウ アバウト ギャソリン ユー キャン リターン ザ カー
How about gasoline? You can return the car
ウィズ ア フル タンク オブ ギャス オア ペイ ザ ギャソリン フィー
with a full tank of gas, or pay the gasoline fee.

満タンで返します。
アィル リターン イット フル
I'll return it full.

買い取ります。
アィル ペイ ザ ギャス フィー
I'll pay the gas fee.

タンクのガソリンを購入するシステム
で、満タンで返す必要がない。通常の
ガソリン代よりも安く設定されている
が、行動スケジュールを考えて選ぼう。

これが契約書です。こことここにイニシャルを、
そしてここにサインをお願いします。
ジス イズ ザ コントラクト プリーズ ライト
This is the contract. Please write
ユア イニシャルズ ヒア アンド ヒア アンド サイン ヒア
your initials here and here, and sign here.

カーナビはどうしますか?
ウッジュー ライクトゥ アド
Would you like to add
ア ジーピーエス ナヴィゲイション システム トゥ ユア カー
a GPS navigation system to your car?

料金はいくらですか?
ハウ マッチ ウィル イト ビー
How much will it be?

1日$11.99です。
イッツ イレヴンナインティナインダラーズ パー デイ
It's $11.99 per day.

TRAVEL

機内・空港 / 空港→市内へ / ザ・バス / ワイキキトロリー / レンタカー / タクシー / 郵便局 / Wi-Fiレンタル / 両替 / 緊急 / 数字・曜日 / 季節・月 / 時期・時間

ガソリンはガロン表示。1ガロンは約4リットル。日本よりガソリン代は割安だ。

❀予約していない場合❀

窓口

今日車を借りたいのですが。
アイド ライク トゥ レント ア カー トゥデイ
I'd like to rent a car today.

1日単位で借りますか? それとも時間単位で借りますか?
ウッジュー ライク トゥ レント ア カー バイ ザ デイ オア ジ アワー
Would you like to rent a car by the day or the hour?

料金はどうなっていますか?
ハウ マッチ アー ザ レイツ
How much are the rates?

1日だと$50です。1時間につき$8です。
フィフティダラーズ パー デイ アンド エイトダラーズ パー アワー
$50 per day and $8 per hour.

レンタル料金に保険は含まれていますか?
ダズ イット インクルード インシュランス
Does it include insurance?

はい、含まれています。
イエス イット ダズ
Yes, it does.
─────────────
いいえ、含まれてません。
ノー イット ダズン
No, it doesn't.

空港で乗り捨てできますか?
キャナイ ドロップ オフ ザ カー アット ジ エアポート
Can I drop off the car at the airport?

いいえ、できません。
ノー アイム アフレイド ユー キャント
No, I'm afraid you can't.
─────────────
乗り捨て料金が$20かかります。
ユー クッド ドロップ オフ ザ カー アット ジ エアポート
You could drop off the car at the airport
バット ユー ハフ トゥ ペイ アン アディショナル
but you have to pay an additional
トゥエンティダラーズ フォー ザット
$20 for that.

> フルカバーでお願いします。
> フル カヴァレッジ プリーズ
> Full coverage, please.

何が必要か知っておこう！

レンタカーの保険 *catalog*

万が一のときのために保険は必要。契約時、保険を略称で呼ぶことが多いので
知っておくと安心。保険の名前はレンタカー会社の場合もあるが内容はほぼ同じだ。

・強制保険・　日本の自賠責にあたる強制保険

❁ LP(Liability Protection):自動車損害補償賠償保険

日本の自賠責にあたる強制保険。レンタカーを借りると必ずついてきて
通常はレンタル料金に含まれている。補償額は高くない。

・任意保険・　強制ではないが加入がおすすめ

❁ LDW, CDW(Loss Damage Waiver):自動車量損害補償制度

レンタカーの盗難や、衝突など損傷があった場合に、その修理代を免除する制度。

❁ PAI(Personal Accident Insurance):搭乗者損害保険

契約者(運転者)または同乗者が事故により負傷、死亡したときに支払われる保険。

❁ PEC(Personal Effects Coverage):携行品保険

レンタカー車内での所持品、盗難、天災での損害を補償。
現金は対象外となる。PAIとセットで加入する。

❁ SLI, LIS, EP(Supplemental Liability Insurance):
追加自動車損害賠償保険

LPの補償額が少ないのでその補償制度を引き上げる追加保険。

❁ UMP(Underinsured Motorist Protection):対無保険者損害保険

保険未加入者の車の所有者または、運転者の事故で
被害にあった場合に身体上の損害を補償する保険。

❁ レンタカー保険補償早見表

	対人	対物	車両損害	搭乗者	携行品	その他
LP	○	○				
LDW, CDW			○			
PAI				○		
PEC					○	
SLI, LIS, EP						LPを増額
UMP						無担保車との事故

混雑時は希望の車種がないこともあるので、日本から予約しておくのがベターだ。

🌸 ガソリンを入れる 🌸

ガソリンスタンド

入れ方を教えてもらえますか?
クッジュー ショウ ミー ハウ トゥフィル ザ タンク
Could you show me how to fill the tank?

(ガソリンスタンドの窓口で)
ポンプ12番です。満タンにします。
パンプ トゥエルヴ アィル フィル イット アップ
Pump 12. I'll fill it up.

前金でお願いします。
プリーズ ペイ イン アドヴァンス
Please pay in advance.

現金で払います。$50預けます。
アイウォントゥ ペイ イン キャッシュ ヒアズ フィフティダラーズ
I want to pay in cash. Here's $50.

給油する前に前金を預けておくシステムだ。

ポンプ12番です。入れ終わりました。
パンプ トゥエルヴ アイ フィニッシュト フィリング アップ ザ タンク
Pump 12. I finished filling up the tank.

$48です。こちらがお釣りです。
イッツ フォーティエイトダラーズ ヒアズ ユア チェインジ
It's $48. Here's your change.

ポンプ12番です。$20分入れます。
パンプ トゥエルヴ アイドライク トゥエンティダラーズ オブ ギャス
Pump 12. I'd like $20 of gas.

わかりました。
シュア
Sure.

レシートをもらえますか?
キャナイ ハヴァ レシート
Can I have a receipt?

こちらです。
ヒア ユー ゴー
Here you go.

クレジットカードで支払う場合は、窓口へ行かず、機械にクレジットカードを読み込ませればOK。

🌸 トラブル 🌸

路上で

あなたの車が私の車にぶつかりました。
ユー ダミッジド マイ カー
You damaged my car.

事故の場合は、当人同士で解決しようとせず、必ず警察とレンタカー会社に連絡を。

壁にこすってしまいました。
アイ スクラッチト ザ ウォール
I scratched the wall.

ガス欠で途中で止まってしまいました。
マイ カー ストップト ビコーズ アイ ラン アウト オブ ギャス
My car stopped because I ran out of gas.

エンジンから変なにおいがしました。
ア ストレンジ スメル ケイム フロム ジ エンジン
A strange smell came from the engine.

変な音がしました。
アイ ハード ア ストレンジ ノイズ フロム ザ カー
I heard a strange noise from the car.

タイヤがパンクしました。
アイヴ ゴット ア フラッド
I've got a flat.

キーを入れたままロックしてしまいました。
アイ ロックト マイセルフ アウト オブ ザ カー
I locked myself out of the car.

カーナビを盗まれました！
ザ ジーピーエス ワズ ストゥルン
The GPS was stolen!

警察を呼んでください！
コール ナインワンワン
Call 911！

歩行者が突然現れました。
ジス パーソン ケイム アウト オブ ノウ ウェア
This person came out of nowhere.

こちらの信号は間違いなく青でした。
ザ シグナル ワズ デフィニトリィ グリーン
The signal was definitely green.

絶対に私のせいではありません。
イット ワズ トータリィ ノット マイ フォールト
It was totally not my fault.

🐾 トラブルがあった場合は、ただちに警察とレンタカー会社に連絡すること。

タクシー

完全シミュレーション

What is 『タクシー』

ハワイでは流しのタクシーはほとんどないので、ホテルなどのタクシー乗り場から乗車するか、電話をして呼ぶのが一般的。日本と異なり自動ドアではないので開け閉めは自分で。英語に自信がなければ、行き先を書いたメモをあらかじめ用意して見せるといい。

タクシーを呼ぶ

タクシーを呼んでもらえますか？
クッジュー コール ア タクシー フォー ミー
Could you call a taxi for me?

乗車

どちらまで？
ウェア ドゥ ユー ウォントゥ ゴー
Where do you want to go?

○○レストランまでお願いします。
トゥ ○○ レストラン プリーズ
To ○○ Restaurant, please.

ホウテル
hotel ホテル | エアポート
airport 空港

ショッピング センター
shopping center ショッピングセンター

これが住所です。
ジス イズ ジ アドレス
This is the address.

見せながら

どのくらいで着きますか？
ハウ ロング ダズ イット テイク トゥ ゲット ゼア
How long does it take to get there?

いくらぐらいかかりますか？
ハウ マッチ ウィル イット ビー
How much will it be?

急いでもらえますか？
クッジュー プリーズ ハリィ
Could you please hurry?

ゆっくり走ってください。
プリーズ ドライヴ モア スロウリィ
Please drive more slowly.

メーターを動かしてください。
プリーズ スタート ザ ミーター
Please start the meter.

渋滞しているのでここで降りていいですか?
トラフィック イズ ソー ヘヴィ キャナイ ゲット アウト ヒア
Traffic is so heavy. Can I get out here?

ここで停めてください。
クッジュー プル オウヴァ ヒア
Could you pull over here?

クレジットカードは使えますか?
ドゥ ユー テイク クレディット カーズ
Do you take credit cards?

はい、大丈夫ですよ。
イエス アィ ドゥ
Yes, I do.

いいえ、使えません。
ノー アィム アフレイド ノット
No, I'm afraid not.

領収書をください。
キャナイ ハヴァ レシート
Can I have a receipt?

タクシーのチップは10〜15%。荷物の上げ下ろしをしてもらったら1個につき$1のチップを。

メーターと料金が違うようです。
ザット プライス イズ ディファレント フロム ザ ミーター
That price is different from the meter.

おつりが違うようです。
アィ ディド ノット ゲット ザ ライト チェインジ
I did not get the right change.

ここから20ドル取ってください。
テイク トゥエンティダラーズ プリーズ
Take $20 , please.

おつりは取っておいてください。
キープ ザ チェインジ
Keep the change.

郵便局

完全シミュレーション

What is 『ハワイから荷物を送る』

国際宅配便など、荷物を送る手段はさまざまだが、同じ重量なら郵便だと低料金で送れるのがうれしいところ。送付用のボックスや袋も売っているので、荷物が重くなったら郵便も利用してみるといい。ツーリストに便利な郵便局はワイキキとアラモアナセンター内にある。

🏣 窓口

これをEMSで日本に送りたいのですが。
アイド ライク トゥ センド ジス トゥ ジャパン バイ イーエムエス
I'd like to send this to Japan by EMS.

EMSとは国際スピード郵便（Express Mail Service）のこと。

バイ インターナショナル パーセル ポスト
by international parcel post 国際小包で

バイ エアメイル
by airmail 航空便で ｜ バイ シー メイル
by sea mail 船便で

この伝票に記入してください。
フィル アウト ジス フォーム プリーズ
Fill out this form, please.

箱をもらえますか？
キャナイ ゲット ア ボックス
Can I get a box?

どのサイズがいいですか？
ワッ サイズ ドゥ ユー ニード
What size do you need?

〇号をください。
キャナイ ハヴ ア サイズ 〇
Can I have a size 〇?

サイズ ワン
size one 1号 ｜ サイズ トゥー
size two 2号 ｜ サイズ スリー
size three 3号

サイズ フォー
size four 4号 ｜ サイズ ファイヴ
size five 5号 ｜ サイズ シックス
size six 6号

窓口

中身はなんですか?
ワッ イズ ザ コンテント オブ ジス パッケジ
What is the content of this package?

おみやげです。
イッツア スーベニア
It's a souvenir.

CDs CD | food 食品
シーディーズ　　フード

clothes 服 | cosmetics 化粧品
クローズ　　　　コズメティックス

$10です。
イッツ テンダラーズ
It's $10.

日本に何日くらいで着きますか?
ハウ ロング ウィルイットテイク ジス パッケジ
How long will it take this package
トゥ リーチ ジャパン
to reach Japan?

2、3日です。
イットル テイク トゥー オア スリー デイズ
It'll take two or three days.

four or five days 4、5日
フォー オアファイヴデイズ

about a week 1週間くらい
アバウト ア ウィーク

more than two weeks 2週間以上
モア ザン トゥー ウィークス

郵便料金はいくらですか?
ワッ イズ ザ ポウステジ
What is the postage?

15ドルです。
イッツ フィフティーンダラーズ
It's $15.

手紙を送るなら切手は自動販売機でも買える。

Wi-Fiレンタル

完全シミュレーション

What is 『Wi-Fiレンタル』

街なかでも日本よりも無料Wi-Fiがつながりやすいが、セキュリティ面を考えると、Wi-Fiルータがあると安心。ハワイでも貸し出しをしている会社が多いので、ルータに必要性を感じたら借りにいこう。帰国日に空港で返却するプランもあり、便利だ。

 レンタル

Wi-Fiレンタルお願いします。
アイドライク トゥ レント ア ワイファイ
I'd like to rent a Wi-Fi.

パスポートとクレジットカードを見せてください。
アイウィル ニード トゥ シー ユア パスポート アンド ア クレディット カード プリーズ
I will need to see your passport and a credit card, please.

こちらに記入をお願いします。
フィル アウト ジス フォーム プリーズ
Fill out this form, please.

返却は何日ですか?
ワッ デイ ウィル ユー リターン ザ ワイファイ
What day will you return the Wi-Fi?

10日です。
アイル リターン イット オン ザ テンス
I'll return it on the 10th.

日本から予約できる場合もあるので、レンタル会社のサイトを確認してみよう。

返却はこのカウンターでお願いします。
プリーズ リターン イット トゥ ジス カウンター
Please return it to this counter.

料金は後払いです。
プリーズ ペイ レイター
Please pay later.

こちらにサインしてください。
クッジュー サイン ヒア
Could you sign here?

レンタル

接続チェックをしてみてください。
プリーズ チェック ザ コネクション
Please check the connection.

接続できました。
アイワズ エイブルトゥ コネクト
I was able to connect.

接続できません。
アイム ノット エイブル トゥ コネクト
I'm not able to connect.

使い方を教えてもらえますか?
クッジュー テル ミー ハウ トゥ ユーズ イッド
Could you tell me how to use it?

返却

いらっしゃいませ。
ヘロウ
Hello.

Wi-Fiの返却です。
アイド ライク トゥ リターン ジス ワイファイ
I'd like to return this Wi-Fi.

$15です。
ザ レンタル フィー イズ フィフティーンダラーズ
The rental fee is $15.

現金でも支払いできますか?
キャナイ ペイ ウィズ キャッシュ
Can I pay with cash?

すみません。カードのみです。
ソーリイ オンリイ クレディット カード
Sorry. Only credit card.

はい、大丈夫です。
イエス イッツ オーケイ
Yes, it's Okay.

領収書です。
ヒア イズ ユア レシート
Here is your receipt.

返却時間を聞きたいときは「When do I have to return it?」のフレーズを。

✈ TRAVEL

機内・空港 / 空港→市内へ / ザ・バス / ワイキキトロリー / レンタカー / タクシー / 郵便局 / Wi-Fi・レンタル / 両替 / 緊急 / 数字・曜日 / 季節・月・時期・時間

185

両替

完全シミュレーション

What is 『両替』

円からドルへ、ドルから円への両替は銀行やワイキキにある両替所、ホテルのフロントでできる。手数料や換金レートが異なるので、チェックしておこう。銀行の場合、レートはいいが営業時間が限られている。街なかの両替所はレートや手数料は店によってさまざまだ。

❁ 外貨両替 ❁

 銀行

日本円を両替したいのですが。
アイドライクトゥ チェインジ サム ジャパニーズ イェン
I'd like to change some Japanese yen.

いくらですか?
ハウ マッチ
How much?

2万円です。
トゥエンティ サウザンド イェン
Twenty-thousand yen.

為替レートはいくらですか?
ワッツ ジ イクスチェインジ レイト ヒア
What's the exchange rate here?

1ドル118.35円です。
イッツ ワンハンドレッドエイティーンダラーズ サーティファイヴセンツ イェン トゥ ザ ダラー
It's 118.35 yen to the dollar.

それでは$169.13になります。
イットル ビー ワンハンドレッドシックスティナインダラーズ サーティーンセンツ
It'll be $169.13.

❁ 両替 ❁

 ホテル

両替してもらえますか?
クッジュー ブレイク ジス プリーズ
Could you break this, please?

TRAVEL

どのようにしますか?
ハウ ウッジュー ライク ユア ビルズ
How would you like your bills?

小額紙幣にしたい場合は、宿泊ホテルのフロントを利用しよう。

$10札を10枚で。
イン テンズ プリーズ
In tens, please.

$20札3枚、$10札3枚、$1札10枚でください。
スリー トゥウェンティズ スリー テンズ アンド
Three twenties, three tens, and
テン ワン ダラー ビルズ プリーズ
ten one-dollar bills, please.

How to Use ATM

① 暗証番号(PIN)を入力
「PIN」は日本でカードを決済する際に入力する、4桁の数字と同じ。

② 「Withdrawal」を選ぶ
希望取引内容の項目で「Withdrawal(引出)」を選択する。

③ 「Credit Card」を選ぶ
カードの種類の項目になったらクレジットカードであれば「Credit Card」を選択。デビットカード、トラベルプリペイドの場合は「Savings(預金)」を選択。

④ 金額を入力する
パネルから希望金額を選ぶか、直接金額を入力。その後、現金を受け取る。

協力:H.I.S「レアレアラウンジ」(ロイヤル・ハワイアン・センターB館3階)

海外ATM単語帳

日本語	英語(カナ)
口座	アカウント ACCOUNT
金額	アマウント AMOUNT
訂正	クリア CLEAR
支払	ディスペンス DISPENSE
預金	セイヴィングス SAVINGS
取引	トランザクション TRANSACTION
振込	トランスファー TRANSFER
引出	ウィズドローアル WITHDRAWAL

PIN(暗証番号)の確認はカード発行金融機関で2週間程度かかることも。確認する場合はお早めに。

機内空港 / 空港→市内へ / ザ・バス / ワイキキトロリー / レンタカー / タクシー / 郵便局 / Wi-Fiレンタル / 両替 / 緊急 / 数字・曜日 / 季節・月 / 時期・時間

緊急フレーズ

めったに使うことはないけれど、万が一に備えて、
緊急の場合のフレーズを覚えておこう。

体調編

頭がズキズキします。
マイ ヘッド イズ スラッビング
My head is throbbing.

脚にケガをしました。
アィ インジャード マイ レッグ
I injured my leg.

腰	バック back
足指	トゥ toe

額	フォーヘッド forehead	腕	アーム arm
手	ハンド hand	指	フィンガー finger

病院へ連れていってもらえますか？
クッジュー テイク ミー トゥ ザ ホスピタル
Could you take me to the hospital?

お腹が痛いです。
アィ ハヴァ スタマッケイク
I have a stomachache.

ひどい日焼けを
してしまいました。
アィ ガッタ バッド
I got a bad
サン バーン
sunburn.

卵アレルギーがあります。
アィム アラージック トゥ エッグズ
I'm allergic to eggs.

TRAVEL

日本語がわかるお医者さんはいますか？
イズ ゼア ア ジャパニーズ スピーキング ドクター
Is there a Japanese-speaking doctor?

吐き気がします。
アィ フィール ライク スロウイン アップ
I feel like throwing up.

ここが痛いです。
イット ハーツ ヒア
It hurts here.

だるいです。
アィ フィール ドラウジィ
I feel drowsy.

熱があります。
アィ ハヴァ フィーバー
I have a fever.

救急車を呼んでください！
プリーズ コール アン アンビュランス
Please call an ambulance!

風邪をひいたようです。
アィ シンク アィ コート ア コウルド
I think I caught a cold.

保険用に診断書と領収書をもらえますか？
メイ アィ ハヴァ メディカル サーティフィケイト アンド レシート フォー マイ インシュランス
May I have a medical certificate and receipt for my insurance?

=== 万が一のときは ===
警察・救急車
☎**911**

事故や事件に巻き込まれたり、緊急を要するときは911へ連絡すること。

機内・空港 / 空港→市内へ / ザ・バス / ワイキキトロリー / レンタカー / タクシー / 郵便局 / Wi-Fiレンタル / 両替 / 緊急 / 数字・曜日 / 季節・月 / 時期・時間

インフルエンザは風邪（cold コウルド）ではなく the flu（ザ フルー）という。

事故、トラブル編

緊急事態です。
It's an emergency.

警察を呼んでください。
Please call the police.

日本語のわかる人はいますか？
Does anyone speak Japanese?

財布をどこかに置き忘れてしまいました。
I left my purse somewhere.

○○を盗まれたようです。
Somebody stole my ○○.

財布をなくしました。
I lost my wallet.

盗難防止のため、プールやビーチでは防水財布を。

パスポート	passport	航空券	air ticket
クレジットカード	credit card		

事故、災害の英語

- 交通事故 …… traffic accident
- ひったくり …… snatch
- 火事 …… fire
- すり …… pickpocket
- どろぼう …… theft
- ハリケーン …… hurricane

TRAVEL

車上荒らしに遭いました。
サムバディ ブロウク イントゥ マイ カー
Somebody broke into my car.

日本総領事館に連絡したいのですが。
アイド ライク トゥ コンタクト ザ ジャパニーズ カンサリット
I'd like to contact the Japanese Consulate.

車にはねられました。
ア カー ヒット ミー
A car hit me.

私は悪くありません。
アイム ノット ロング
I'm not wrong.

車の衝突事故に遭ってしまいました。
ウィ ワー インナ カー クラッシュ
We were in a car crash.

緊急時のひとこと

助けて!	ヘルプ ミー Help me!	強盗です!	ラバー Robber!
やめて!	ストップ イット Stop it!	つかまえて!	キャッチ ヒム Catch him!

機内・空港 / 空港→市内へ / ザ・バス / ワイキキトロリー / レンタカー / タクシー / 郵便局 / Wi-Fiレンタル / 両替 / 緊急 / 数字・曜日 / 季節・月 / 時期・時間

緊急事態はemergencyだが同じ緊急でも「至急」という意味の場合はurgent(アージェント)を用いる。

数字・曜日

知っているようで、いざ使おうと思うと出てこないのが数字や曜日の表現。
旅行中には何度も必要になるので再度チェックをしておこう！

値段などに使う基数詞

数量を表す基数詞は買い物に必要なので、聞き取れるようにもしておきたい。

2名で予約したいのですが。
アイドライク トゥ メイク ア リザヴェイション フォー トゥー ピープル
I'd like to make a reservation for two people.

502号室の佐藤です。
アイムサトウ イン ルーム ファイブ ゼロ トゥー
I'm Sato in room 502.

$12です。
イッツ トゥエルヴダラーズ
It's $12.

ゼロ 0 zero	テン 10 ten	トゥエンティ 20 twenty	サーティ 30 thirty
ワン 1 one	イレヴン 11 eleven	トゥエンティ ワン 21 twenty-one	サーティ ワン 31 thirty-one
トゥー 2 two	トゥエルヴ 12 twelve	トゥエンティ トゥー 22 twenty-two	100 ア(ワン) ハンドレッド a (one) hundred
スリー 3 three	サーティーン 13 thirteen	トゥエンティ スリー 23 twenty-three	1000 ア(ワン) サウザンド a (one) thousand
フォー 4 four	フォーティーン 14 fourteen	トゥエンティ フォー 24 twenty-four	10000 テン サウザンド ten thousand
ファイヴ 5 five	フィフティーン 15 fifteen	トゥエンティファイヴ 25 twenty-five	
シックス 6 six	シックスティーン 16 sixteen	トゥエンティ シックス 26 twenty-six	
セヴン 7 seven	セヴンティーン 17 seventeen	トゥエンティ セヴン 27 twenty-seven	
エイト 8 eight	エイティーン 18 eighteen	トゥエンティ エイト 28 twenty-eight	
ナイン 9 nine	ナインティーン 19 nineteen	トゥエンティ ナイン 29 twenty-nine	

階数、日付を伝える序数詞

順序や順番を伝えるときに使うのが序数詞。エレベーターで階数を聞かれたときなどによく使う。表記は数字のあとにth（1はst、2はnd、3はrd）を付けるだけでもOK。

そこは2階です。
ザット プレイス イズ オン ザ セカンド フロア
That place is on the 2nd floor.

6月11日に予約したいのですが。
アイド ライク トゥ メイク ア リザヴェイション オン ジューン イレヴンス
I'd like to make a reservation on June 11th.

1st ファースト first	11th イレヴンス eleventh	21st トウェンティ ファースト twenty-first	40th フォーティエス fortieth
2nd セカンド second	12th トゥエルフス twelfth	22nd トウェンティ セカンド twenty-second	50th フィフティエス fiftieth
3rd サード third	13th サーティーンス thirteenth	23rd トウェンティ サード twenty-third	60th シックスティエス sixtieth
4th フォース fourth	14th フォーティーンス fourteenth	24th トウェンティ フォース twenty-fourth	70th セヴンティエス seventieth
5th フィフス fifth	15th フィフティーンス fifteenth	25th トウェンティ フィフス twenty-fifth	80th エイティエス eightieth
6th シックスス sixth	16th シックスティーンス sixteenth	26th トウェンティ シックスス twenty-sixth	90th ナインティエス ninetieth
7th セヴンス seventh	17th セヴンティーンス seventeenth	27th トウェンティ セヴンス twenty-seventh	100th ワン ハンドレッドス one hundredth
8th エイス eighth	18th エイティーンス eighteenth	28th トウェンティ エイス twenty-eighth	
9th ナインス ninth	19th ナインティーンス nineteenth	29th トウェンティ ナインス twenty-ninth	
10th テンス tenth	20th トウェンティエス twentieth	30th サーティエス thirtieth	

曜日

ファーマーズマーケットや、月の最初の金曜にダウンタウンで行われるファーストフライデーなど、ハワイには曜日ごとのお楽しみがある。開催される曜日をしっかりチェックして繰り出そう！

火曜日に予約したいのですが。
キャナイ メイク ア リザヴェイション オン チューズデイ
Can I make a reservation on Tuesday?

| 月曜日 | マンデイ Monday | 水曜日 | ウェンズデイ Wednesday | 金曜日 | フライデイ Friday | 日曜日 | サンデイ Sunday |
| 火曜日 | チューズデイ Tuesday | 木曜日 | サーズデイ Thursday | 土曜日 | サタデイ Saturday | | |

0.1などの小数点（decimal）付きの数は、小数点を「ポイント」と発音する。

季節・月・時期・時間

時間を忘れての〜んびり！といっても、レストランやスパの予約日時や、アクティビティの集合時間など日にちや時間は重要。しっかりおさらいしておこう。

季節

ハワイは5〜9月が夏でとくに8〜9月は気温も上がるが貿易風が心地いい。

春	夏	秋	冬
スプリング Spring	サマー Summer	オータム　フォール Autumn / Fall	ウィンター Winter

月

聞きなじみのある単語だけに言い間違い、聞き間違いに注意したい。

3月21日に予約したいのですが。
アィドライク トゥ メイク ア リザヴェイション フォー マー チ トゥエンティファースト
I'd like to make a reservation for March 21.

私の誕生日は4月3日です。
マイ バース デイ イズ エイプリル サード
My birthday is April 3.

1月 ジャニュアリィ January	2月 フェブラリィ February	3月 マーチ March	4月 エイプリル April
5月 メイ May	6月 ジューン June	7月 ジュライ July	8月 オーガスト August
9月 セプテンバー September	10月 オクトウバー October	11月 ノウヴェンバー November	12月 ディセンバー December

時期

予約をするときなどには、日にちではなく"あさって"などの表現を使うこともある。

来週火曜日に日本に帰ります。
アィル リターン トゥ ジャパン ネクス チューズデイ
I'll return to Japan next Tuesday.

おととい	昨日	今日	明日	あさって
ザ　デイ ビフォア the day before イエスタデイ yesterday	イエスタデイ yesterday	トゥデイ today	トゥモロウ tomorrow	ザ　デイ アフター the day after トゥモロウ tomorrow
	先週 ラス ウィーク last week	今週 ジス ウィーク this week	来週 ネクス ウィーク next week	

時間

時間は「○(数字) o'clock in the morning (afternoon)」とも表現するが単に時間を示す数字の後ろにa.m.やp.m.と付けるだけでもOK。日本のような24時間表記はほとんどない。

10時に予約したいのですが。
アィドライクトゥ メイク ア リザヴェイション フォー テン オクロック
I'd like to make a reservation for 10 o'clock.

午前8時15分の飛行機に乗ります。
アィボード ジ エアプレインアット エイトフィフティーンエイエム
I board the airplane at 8 : 15 am.

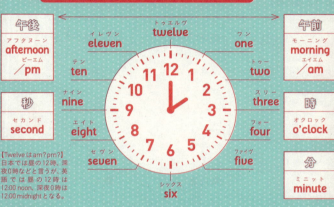

午後	午前
アフタヌーン afternoon ／ビーエム pm	モーニング morning ／エイエム am

秒	時	分
セカンド second	オクロック o'clock	ミニット minute

トゥエルヴ twelve / イレヴン eleven / ワン one / テン ten / トゥー two / ナイン nine / スリー three / エイト eight / フォー four / セヴン seven / ファイヴ five / シックス six

【Twelveはam?pm?】
日本では昼の12時、深夜0時などと言うが、英語では昼の12時は12:00 noon、深夜0時は12:00 midnightとなる。

分の表現
15分、30分、45分は複数の表現があるので覚えておくと便利

9時15分	9時30分	9時45分
ナイン フィフティーン nine fifteen	ナイン サーティ nine thirty	ナイン フォーティ ファイヴ nine forty - five
ア クォーター パスト ナイン a quarter past nine	ハーフ パスト ナイン half past nine	ア クォーター トゥ テン a quarter to ten

営業時間	ビジネス アワーズ business hours	開店時間	オウプン アワーズ open hours
閉店時間	クロウジング タイム closing time	○分後	ミニッツ レイター ○ minutes later
○分前	ミニッツ アゴウ ○ minutes ago	時過ぎ	パスト past ○
○時頃	アバウト オクロック about ○ o'clock	時ちょうど	オクロック シャープ o'clock sharp

「ちょっと待って」の言い方には「Just a minute.」「Just a second.」などがある。

日→英 単語帳

本編では紹介しきれなかった英語の単語をご紹介！
会話の際に入れ替えたり、指さして示したり、目的に合わせて活用して。

あ
アイスティ
アイスティ
iced tea

空いている(席)
アヴェイラブル／ヴェイカント
available / vacant

あう
ミート
meet

あおむけ
フェイシン アップ
facing up

明るい
ライト
light

開ける
オウプン
open

あさって
ザ デイ アフター トゥモロウ
the day after tomorrow

明日
トゥモロウ
tomorrow

預ける
チェック
check

温かい
ウォーム
warm

あちら
オウヴァ ゼア
over there

暑い
ホット
hot

アフターサービス
カスタマー サーヴィス
customer services

危ない
デインジャラス
dangerous

甘酸っぱい
サワースウィート
sour-sweet

過ち
フォールト
fault

ありがとう
サンキュー
thank you

アレルギー
アラジィ
allergy

アロハシャツ
アロハ シャート
aloha shirt

安全な
セイフ
safe

案内図
ガイド マップ
guide map

い
胃／お腹
スタマック
stomach

イートイン
フォー ヒア
for here

行き先
ダイレクション
direction

いくらですか
ハウ マッチ
how much

遺失物相談所
ロスト アンド ファウンド
lost and found

急ぐ
ハリィ
hurry

痛み
ペイン
pain

イチゴ
ストロベリィズ
strawberries

1時間
ワン ナワー
one hour

1日おき
エヴリィ アザー デイ
every other day

意味
ミーン
mean

入口
エントランス
entrance

イルカ
ドルフィン
dolphin

う
ウィンドブレーカー
ウィンドブレイカー
windbreaker

上に
アップ
up

受付
フロント デスク
front desk

受け取る
レシーヴ
receive

後ろ
リア
rear

美しい
ビューティフル
beautiful

うっそー!
ノー ウェイ
No way!

うつぶせ
フェイシン ダウン
facing down

腕時計 ウォッチ watch	オーシャンビュー オウシャン ヴュー ocean view	覚えている リメンバー remember
売る セル sell	オーシャンフロント オウシャン フロント ocean front	おみやげ ギフト／スーヴェニア gift／souvenir
上着 ジャケット jacket	おかわり リフィル refill	オムレツ オムレッ omelet
運賃 フェア fare	奥の／後方の イン ザ バック in the back	思い出す リメンバー remember
運転手 ドライヴァ driver	送る センド send	親指 サム thumb
運転する ドライヴ drive	遅れる レイト late	お湯 ホッ ウォータ hot water
え エアコン エア コンディショナー air conditioner	お札 ビル bill	折り返し電話する コール バック call back
営業時間 ビジネス アワーズ business hours	教える ショウ／ティーチ／テル show／teach／tell	降りる ゲット アウト get out
ATM エイティーエム マシーンズ A T M machines	押す プッシュ／プレス push／press	オレンジジュース オレンジ ジュース orange juice
エコバック リユーザブル バッグ reusable bag	おすすめ リコメンド recommend	**か** カーナビ ジーピーエス ナヴィゲイション システム G P S navigation system
エスカレーター エスカレイター escalator	遅い(時間) レイト late	○階 ○ フロア ○ floor
エステ ビューティ サロン beauty salon	恐れて アフレイド afraid	階段 ステアズ stairs
お おいしい デリシャス／プリティ グッド delicious／pretty good	落ち着く リラックス relax	カウンター カウンター counter
おいしい ヤミィ yummy	おつり チェインジ change	帰る ゴー バック go back
横断歩道 クロスウォーク crosswalk	落とす ドロップ drop	香り スメル smell
多く モア more	お腹が空いた ハングリィ hungry	鏡 ミラー mirror

鍵 ルーム キー room key	辛い スパイシイ spicy	気分が悪い フィール シック feel sick
学生 スチューデント student	からし マスタード mustard	気持ちいい フィーリン グッ feeling good
確認する カンファーム confirm	体 バディ body	キャンセル キャンセレイション cancellaion
菓子 スナック snack	借りる ボロウ／レント borrow／rent	救急車 アンビュランス ambulance
火事 ファイア fire	軽い ライト light	給仕する サーヴ serve
風邪 コウルド cold	河・川 リヴァ river	牛乳 ミルク milk
数える カウント count	かわいい キュート cute	今日 トゥデイ today
ガソリン ギャソリン gasoline	為替レート イクスチェインジ レイト exchange rate	嫌う ディスライク ヘイト dislike／hate
肩 ショウルダ shoulder	観光 サイトシーイン sightseeing	霧 フォグ fog
かっこいい クール cool	乾燥した(部屋が) ドライ dry	切る カット cut
かなり クワイト quite	き キウイ キウイ kiwi	着る プット オン put on
可能な パッシブル possible	気温 テンパラチャー temperature	きれいなタオル フレッシュ タウエルズ fresh towels
壁 ウォール wall	刻む エングレイヴ engrave	帰路 リターン トリップ return trip
カミソリ レイザー razor	きつい(衣類が) タイト tight	禁煙 ノンスモウキン non-smoking
紙ナプキン ペイパー ナプキン paper napkin	喫煙所 スモウキン エリア smoking area	金額 アマウント amount
カメラ キャメラ camera	きのこ マッシュルーム mushroom	緊急の エマージェンシイ emergency

金庫 セイフ safe	ケチャップ ケチャップ ketchup	香水 パフューム perfume
銀行 バンク bank	血液型 ブラッド タイプ blood type	香草 コリアンダー corriander
空港 エアポート airport	けっこうです ノー サンクス no, thanks	交通機関 トランスポーテイション transportation
クーポン キューポン coupon	下痢 ダイアリア diarrhea	後方に バックワーズ backwards
くし コウム comb	現金 キャッシュ cash	高齢者 シニア シティズンズ senior citizens
薬 メディスン medicine	現地スタッフ ロウカル スタッフ local staff	コース料理 コース メニュー course menu
くつ シューズ shoes	限定色 イクスルーシヴ カラー exclusive color	コーヒー カフィー coffee
クラス クラス class	玄米 ブラウン ライス brown rice	コーラ コウク coke
グリーンサラダ グリーン サラダ green salad	コインロッカー コイン オペレイティッド ロッカー coin-operated locker	国際運転免許証 インターナショナル ドライヴァズ ライセンス international driver's license
車 カー car	更衣室 チェンジン ルーム changing room	国際小包 インターナショナル パースル ポスト international parcel post
クレーム カンプレイント complaint	硬貨 コインズ coins	国際電話 インターナショナル コール international call
クレジットカード クレディット カード credit card	交換 チェインジ change	ココナッツ ココナッ coconut
警察官 ポリース オフィサー police officer	航空便 エアメイル airmail	個人レッスン プライヴェット レッスン private lesson
携帯電話 セル フォウン cell phone	口座 アカウント account	こする スクラッチ scratch
契約書 コントラクト contract	工事中 アンダー カンストラクション under construction	断る ディクライン／リフューズ decline／refuse
化粧品 カズメティックス cosmetics	公衆電話 ペイ フォウン pay phone	ごはん ライス rice

ごま	セサミ	sesame
ゴミ	ラビッシュ トラッシュ	rubbish／trash
ごめんなさい	アイム ソーリィ	I'm sorry
壊れ物	フラジャイル	fragile
混雑した	クラウディド	crowded
コンセント	アウトレット	outlet
こんにちは	ヘロウ	hello
梱包	ラップ	wrap
サービスデスク	コンシェルジュ デスク	concierge desk
サーフボード	サーフボード	surfboard
財布	ワレット	wallet
材料費	マテリアル コスト	material cost
魚料理	フィッシュ クイジーン	fish cuisine
酒	リカー	liquor
座席番号	シート ナンバー	seat number
撮影する	テイク ピクチャーズ（ムーヴィズ）	take pictures (movies)

雑誌	マガジーン	magazine
砂糖	シュガー	sugar
寒い	コウルド	cold
さようなら	グッバイ	goodbye
皿	プレイト	plate
サラダ	サラダ	salad
触る	タッチ	touch
サングラス	サングラッシイズ	sunglasses
サンドレス	サン ドレス	sun dress
酸味	サワー	sour
○時	○ o'clock	
シートベルト	シート ベルト	seat belt
ジーンズ	ジーンズ	jeans
時差	タイム ディファランス	time difference
時差ボケ	ジェット ラグ	jet lag
試食	テイスト	taste

静かな	クワイエット	quiet
施設	エクイプメント	equipment
下着	アンダーウェア	underwear
下の階	ダウンステアズ	downstairs
試着室	フィティング ルーム	fitting room
試着する	トライ イット オン	try it on
しっかり	タイトリィ	tightly
湿度	ヒューミディティ	humidity
室内	インサイド	inside
湿布	カンプレス	compress
指定席	リザーヴド シート	reserved seat
シティビュー	シティ ヴュー	city view
自動販売機	ヴェンディン マシーン	vending machine
市内通話	ロウカル コール	local call
支払い	ペイ ディスペンス	pay／dispense
紙幣	ビルズ	bills

事務所	出張	炊飯器
オフィス	ビジネス トリップ	ライス クッカー
office	business trip	rice cooker

蛇口	種類	スーツケース
フォーセット	カインド	スーツケイス
faucet	kind	suitcase

シャトル	準備ができた	少なめ
シャトル バス	レディ	レス
shuttle bus	ready	less

ジャム	条件	すぐに
ジャム	ポリシー	スーン イミーディエトリィ
jam	policy	soon / immediately

週1回	錠剤	スクランブル
ワンス ア ウィーク	ピル タブレット	スクランブルド
once a week	pill / tablet	scrambled

自由	使用中	少し
フリー	オキュパイド	ビット リトル
free	occupied	bit / little

住所	賞味期限	涼しい
アドレス	エクスペイション デイト	クール
address	expiration date	cool

自由席	正面に	ストロー
アンリザーヴド シート	イン フロント オブ	ストロー
unreserved seat	in front of	straw

シューター	食事	すばらしい
ラビッシュ シュート	ミール	ワンダフル グレイト
rubbish chute	meal	wonderful / great

渋滞	初心者	スプレー缶
ヘヴィ トラフィック	ビギナー	コンテイニング フラマブル ギャス
heavy traffic	beginner	containing flammable gas

充電	女性たち	スプーン
チャージ	ウィメン	スプーン
charge	women	spoon

十分な	処方箋	すべて
イナフ	プリスクリプション	エブリシン
enough	prescription	everything

週末	署名	すみません
ウィークエンド	サイン	イクスキューズ ミー
weekend	sign	excuse me

重要な	信号	スムージー
インポータント	シグナル	スムージー
important	signal	smoothie

宿泊する	新婚旅行	座る
ステイ	ハニームーン	シット
stay	honeymoon	sit

手術	新聞	
オペレイション	ニューズペイパー	
operation	newspaper	

せ

税
タックス
tax

精算する
キャッシュ アウト
cash out

製氷機
アイス マシーンズ
ice machines

製品
プロダクト
product

生理
ピアリアド
period

生理痛
クランプス
cramps

生理用品
タンパン
tampon

席
シート
seat

咳
カフ
cough

施術
トリートメント
treatment

絶対に
ディフィニトリイ
definitely

接続
コネクション
connection

背中
バック
back

セレブ
セレブリティ
celebrity

洗顔用品
トイレットリーズ
toiletries

洗剤
ローンドリィ ディタージェント
laundry detergent

前菜
スターター
starter

洗浄液(コンタクト)
レンズ ソルーション
lens solution

そ

掃除
クリーニング
cleaning

騒音
ノイズ
noise

早朝
アーリイ モーニン
early morning

外に
アウトサイド
outside

そのとおり
イグザクトリィ
exactly

た

滞在
ステイ
stay

大使館
エンバシイ
embassy

大丈夫ですよ
ノープロブレム
no problem

高い(値段が)
イクスペンシヴ
expensive

タクシー
タクシー
taxi

助ける
ヘルプ
help

たずねる
アスク
ask

建物
ビルディング
building

例えば
フォー イグザンプル
for example

楽しい
インジョイ グッ タイム
enjoy / good time

タバコ
トゥバコ
tobacco

卵
エッグ
egg

玉ねぎ
オニオン
onion

頼る
ディペンド
depend

だれか
フー
who

タロイモ
タロ
taro

炭酸水
ソウダ
soda

男性たち
メン
men

団体旅行
グループ ツアー
group tour

短パン
ショート パンツ
short pants

単品料理
ア ラ カルト
a la carte

ち

血
ブラッド
blood

チーズ
チーズ
cheese

チェックイン
チェックイン
check-in

近い
ニア
near

違った	different (ディファレント)
チケット	ticket (ティケット)
チケット売り場	ticket stand (ティケット スタンド)
チップ	tip (ティップ)
注文	order (オーダー)
朝食	breakfast (ブレックファスト)
調整	adjust (アジャスト)
直行	non-stop (ノンストップ)
追加の	additional (アディショナル)
通路	aisle (アイル)
続ける	continue (コンティニュー)
包む	wrap (ラップ)
つまようじ	toothpick (トゥースピック)
詰まる	blocked (ブロックト)
爪	fingernail (フィンガーネイル)
強めに	harder (ハーダー)
て 出会い	encounter (エンカウンター)
定刻	on time (オン タイム)
Tシャツ	T-shirt (ティーシャート)
テーブル	table (テイブル)
出口	exit (エグジット)
デザート	dessert (ディザート)
デザイン	design (ディザイン)
では	then (ゼン)
テラス席	terrace (テラス)
天気	weather (ウェザー)
電気製品	electronics (エレクトロニクス)
電源	power source (パワー ソース)
展示	gallery (ギャラリイ)
電子レンジ	microwave oven (マイクロウェイヴ オーヴン)
伝統的な	traditional (トラディショナル)
と トイレ	restroom/bathroom (レストルーム/バスルーム)
トイレットペーパー	roll of toilet paper (ロウル オブ トイレット ペイパー)
トイレの水が流れる	flush (フラッシュ)
動画	movie (ムーヴィ)
到着する	arrive (アライヴ)
同伴者	companion (コンパニオン)
通り	street (ストリート)
どこ	where (ウェア)
どこか	somewhere (サムウェア)
トッピング	toppings (トッピングズ)
届ける	deliver (デリヴァ)
トマト	tomato (トメイトウ)
ドライヤー	hair dryer (ヘア ドライヤー)
トラブル	trouble (トラブル)
取り扱い注意	handle with care (ハンドル ウィズ ケア)
取引	transaction (トランザクション)
ドリンクコーナー	soda fountain (ソウダ ファウンテン)

ALOHA

○ドル
○ ダラー
○ dollar

トロリー
トロリイ
trolley

な ナイフ
ナイフ
knife

眺め
ヴュー
view

眺めがいい
シーニック
scenic

流れ
フロウ
flow

何もいらない
ナッシン
nothing

生ジュース
フレッシュ ジュース
fresh juice

生の
フレッシュ
fresh

波
ウェイヴ
wave

に 荷物
ラゲジ
luggage

荷物引換書
バゲジ クレイム
baggage claim

入場
アドミッション
admission

入場料
ジェネラル アドミッション
general admission

人気
ポピュラー
popular

ニンジン
キャロット
carrot

ぬ 〜抜き
ウィザウト
without

盗まれた
ストウルン
stolen

ね ネット接続
インターネット コネクション
internet connection

眠い
スリーピィ
sleepy

の 喉が渇いた
サースティ
thirsty

飲み物
ドリンク／ベヴァレッジ
drink／beverage

乗り換え
トランスファー
transfer

乗り継ぎ
コネクション
connection

乗る
ゲット オン／ライド
get on／ride

ノンアルコールカクテル
ヴァージン カクテイル
virgin cocktail

のんびりする
リラックス
relax

は パーカ
フーディ
hoodie

バーガー
バーガー
burger

パーシャルオーシャンビュー
パーシャル オウシャン ヴュー
partial ocean view

白米
ワイト ライス
white rice

運ぶ
ブリング
bring

初めて
ファースト タイム
first time

バス
バス
bus

バス停
バス ストップ
bus stop

パスポート
パスポート
passport

パスワード
パスワード
password

破損
ダミッジド
damaged

肌
スキン
skin

裸足
ベア フィート
bare feet

ハチミツ
ハニィ
honey

はっきりしません
アイム リアリィ ノット シュア
I'm really not sure

発酵した
ファーメンテッド
fermented

バナナ
バナナ
banana

パパイヤ
パパイヤ
papaya

歯ブラシ
トゥースブラッシュ
toothbrush

歯磨き粉
トゥースペイスト
toothpaste

払戻し
リファンド／リインバースメント
refund／reimbursement

春巻き
スプリング ロウル
spring roll

パレオ
パレオ
pareo

ハワイアンキルト
ハワイアン キルト
Hawaiian quilt

パンク
フラット
flat

パンケーキ
パンケイク
pancake

番号
ナンバー
number

反対側
オポジット サイド
opposite side

パンフレット
ブローシュア
brochure

ピアス
イアリングズ
earrings

ビーチサンダル
フリップ フラップス ／ ビーチ サンダルズ
flip-flops／beach sandals

ビーチタオル
ビーチ タウエルズ
beach towels

ビーチに面した
ビーチフロント
beachfront

ビール
ビア
beer

引出
ウィズドゥロウアル
withdrawal

ビジター料金
フィー フォー ヴィジターズ
fee for visitors

非常口
エマージェンシイ エグジット
emergency exit

びっくりした
オー マィ ガッシュ
oh, my gosh

ピッタリの(サイズが)
フィット
fit

必要な
ネセサリィ
necessary

日焼け
サンバーン
sunburn

ビュッフェ
バッフェイ
buffet

病院
ホスピタル
hospital

敏感な
センシティヴ
sensitive

瓶詰
ジャー
jar

フェザーレイ
フェザー レイ
feather lei

フォーク
フォーク
fork

不可能な
インパッシブル
impossible

含まれる
インクルーディッド
included

舞台
ステイジ
stage

ぶつけた
ダミッジド
damaged

船便
シー メイル
sea mail

船
ボウト
boat

フライドポテト
フレンチ フライド ポテイトウズ
French-fried potatoes

フラッシュ(カメラ)
フラッシュ
flash

ふらふらする
チョッピイ
choppy

振込
トランスファー
transfer

フレンチトースト
フレンチ トウスト
french toast

閉館
クロウズド
closed

平日
ウィークデイ
weekday

ベッド
ベッド
bed

ヘッドフォン
ヘッドセット
headset

ペットボトル
ボトル
bottle

別々に
セパレイト
separate

変圧器
トランスフォーマー
transformer

返却する
リターン
return

変な
ストレインジ
strange

便秘
カンスタペイション
constipation

ま

方向
ダイレクション
direction

帽子
ハット
hat

ポーター
ポーター
porter

ほかに
エニイ アザー
any other

保険
インシュアランス カヴァレッジ
insurance coverage

保険料
インシュランス
insurance

本当?
リアリィ
Really?

迷子になる
ビー ロスト
be lost

毎日
エヴリィ デイ
every day

マイルドに
マイルダー
milder

マウンテンビュー
マウンテン ヴュー
mountain view

前金
アドヴァンス
advance

マカロニサラダ
マカロニ サラダ
macaroni salad

枕
ピロウ
pillow

まだ
イェット
yet

またね
シー ユー
see you

間違う
メイク ア ミステイク
make a mistake

マッサージ
マサージ
massage

まったく
トータリィ
totally

〜まで
アンティル
until〜

窓際
バイ ザ ウインドウ
by the window

マドラー
スターズスティック
stir stick

マヨネーズ
メイオネイズ
mayonnaise

満席
フリィ ブックト
fully booked

満タン
フル タンク
full tank

み

水
ウォータ
water

見せてください
テイク ア ルック
take a look

道に迷う
ゲット ロスト
get lost

ミドルサイズ
ミドル サイズ
middle size

名字
ファミリィ ネイム
family name

む

向かって
トゥワーズ
towards

難しい
ディフィカルト
difficult

無料
フリー
free

め

名所
プレイス オブ インタレスト
place of interest

メイドサービス
メイド サーヴィス
maid service

眼鏡
グラッシイズ
glasses

目覚まし時計
アラーム クロック
alarm clock

珍しい
レア アンユージュアル
rare / unusual

メーター
ミーター
meter

目玉焼き
サニイ サイド アップ
sunny-side up

メニュー
メニュー
menu

免許証
ドライヴァズ ライセンス
driver's license

免税店
デューティフリー ショップ
duty-free shop

メンバーズカード
メンバーシップ カード
membership card

も

もう1度
ワン モア タイム
one more time

もういりません
アイム ファイン
I'm fine

申込書
アプリケイション フォーム
application form

申し込む
アプライ
apply

もうひとつ
アナザー
another

毛布
ブランケット
blanket

モーニングコール
ウェイクアップ コール
wake-up call

目的地
デスティネイション
destination

持ち帰り
トゥ ゴー
to go

もちろん
オフ コース
of course

もちろんです
シュア
sure

もっと辛く
モア スパイシィ
more spicy

や 休む
レスト
rest

薬局
ファーマシィ
pharmacy

山側
マウンテン サイド
mountain side

ゆ ゆっくり
スロウリィ
slowly

ゆで卵
ボイルド エッグ
boiled egg

指
フィンガー
finger

ゆるい
ルーズ
loose

よ 預金
セイヴィングズ
savings

浴室
バスルーム
bathroom

横になる
ライ ダウン
lie down

汚れた
ダーティ
dirty

酔った
ドランク
drunk

呼ぶ
コール
call

余分に
エクストラ
extra

予約
リザヴェイション
reservation

予約確認書
ヴァウチャー
voucher

弱めに
ソフター
softer

ら ランドリー
ローンドリィ ルーム
laundry room

り 量(1人前)
ポーション
portion

両替
チェインジ
change

両替機
コイン チェインジャー
coin changer

領収書／レシート
レシート
receipt

利用できる
アヴェイラブル
available

緑茶
グリーン ティー
green tea

リンパ
リンフ
lymph

れ レジ
キャッシャー
cashier

レストラン
レストラン
restaurant

レンタカー
カー レンタル
car rental

レンタル料金
レンタル フィー
rental fee

ろ ローブ(羽織る)
ロウブ
robe

わ ワイン
ワイン
wine

わかりません
アィ ドン ノウ
I don't know

和食
ジャパニーズ フード
Japanese food

分ける
シェア
share

割引
ディスカウンツ
discounts

割れ物
フラジャイル アイテム
fragile item

STAFF

監修
株式会社ECC

ECCは1962年に創業以来、総合教育・生涯学習機関として様々な教育活動を展開。50余年に亘る実績と信頼に強みを持ち、外国語教室市場でシェアNo.1[※]。幼児からシニア世代までそれぞれの目的を実現する独自のカリキュラムや教材を導入し、確かな成果を実現。語学教育を通じて、時代にあった"真の国際人"としての資質を兼ね備えた人材を育てることを使命としている。
http://www.ecc.co.jp
※「語学ビジネス徹底調査レポート2014」矢野経済研究所

編集制作
四谷工房（石丸泰規、佐原南、丸山繭子）
岡田久恵、平野智美、小林明子

写真協力
Media Etc. Aya Takada

表紙・本文デザイン
ma-h gra（山谷吉立、田村祥吾、薮田京太郎、西澤幸恵、椎名久美子、志賀祐子、藤原裕美、田中清賀、河西葉月、朴志蕙）

本文イラスト　別府 麻衣、後藤 恵

マンガ　おたぐち

企画・編集　鈴木晴奈（朝日新聞出版）

ハレ旅会話 ハワイ 英語

監　修　株式会社ECC
発行者　橋田真琴
発行所　朝日新聞出版
　　　　〒104-8011　東京都中央区築地5-3-2
　　　　電話　（03）5541-8996（編集）
　　　　　　　（03）5540-7793（販売）
印刷所　大日本印刷株式会社

©2016 Asahi Shimbun Publications Inc.
Published in Japan by Asahi Shimbun Publications Inc.
ISBN 978-4-02-333910-1

定価はカバーに表示してあります。
落丁・乱丁の場合は
弊社業務部（電話03-5540-7800）へご連絡ください。
送料弊社負担にてお取り替えいたします。
本書および本書の付属物を無断で複写、複製（コピー）、引用することは著作権法上の例外を除き禁じられています。また代行業者等の第三者に依頼して
スキャンやデジタル化することは、
たとえ個人や家庭内の利用であっても
一切認められておりません。

わたしのハレ旅会話

○○をお願いします。
プリーズ
○○, please.

「こんなのカンタン過ぎ！」って思われるかもしれません。でもなかなか使いこなせないものです。たとえばレストランだったら、相手の目を見ながら笑顔で"Menu, please."。この"テッパン"フレーズを実践するだけで、よい印象をもってもらえて、コミュニケーションがスムーズに。ぜひ使ってみてください。
岡田久恵

すみません。
イクスキューズ　ミー
Excuse me.

人の前を通る時や、話しかける時など、使用頻度の高いフレーズがこれ。今からあなたに迷惑かけちゃうかもしれないけれど…ってシーンで使います。くしゃみした時もこれです。"God bless you(お大事に)."と言ってもらえると思うので、笑顔で"Thank you."と答えてください。
佐原　南